논증의 원리와 글쓰기

논증의 원리와 글쓰기

2015년 3월 1일 초판 인쇄
2015년 3월 5일 초판 발행

지은이 김보현 | **펴낸이** 이찬규 | **편집** 선우애림 | **교정교열** 정난진 | **펴낸곳** 북코리아
등록번호 제03-01240호 | **전화** 02-704-7840 | **팩스** 02-704-7848
이메일 sunhaksa@korea.com | **홈페이지** www.북코리아.kr
주소 462-807 경기도 성남시 중원구 사기막골로 45번길 14
우림라이온스밸리2차 A동 1007호
ISBN 978-89-6324-416-7 03170

값 13,000원

논증의 원리와 글쓰기

김보현

북코리아

들어가는 말

과거에 비해 논리적 글쓰기에 대한 관심이 크게 높아졌다. 대입 논술시험에 대비하려는 초 · 중등 학생은 물론이고, 대학생들 또한 논리적으로 글을 쓰거나 말하는 능력을 향상시키고 싶어 한다. 대학생들이 이런 능력의 향상을 원하는 이유에는 그것이 학문적 탐구를 수행할 수 있는 기본적인 지적 능력이라는 것 이외에 신입 사원을 채용할 때 '기본적인 인성 및 태도', '외국어 구사 능력' 등과 함께 '의사표현 및 커뮤니케이션 능력'을 중요하게 고려하는 기업체들이 늘어나고 있다는 것 또한 포함된다. 이제 논리적 글쓰기는 이처럼 학문적으로뿐만 아니라 실용적으로도 대학생들에게 매우 요긴한 도구가 된 것이다.

논리적 글쓰기 또는 논술의 필요성을 인정하고 그것에 관심을 갖는 학생은 많다. 그러나 그것이 무엇인지 묻는 질문에 제대로 답하는 학생은 그리 많지 않다. 도대체 무엇이 논술이고 논리적 글쓰기인가? 많은 학생들은 조리에 맞고 일관성 있는 서술이라고 대답한다. 그렇다면, 오랜 기간 계속되는 파업사태를 취재하여 그것을 시간의 경과에 따라 객관적으로 일관되게 묘사하는 보도문도 논술이고, 갈수록 더해가는 폭염의 원인을 지구온난화라고 체계적으로 설명하는 글도 논술이며, 심지어 참담한 일을 당하여 슬프고 괴로운 심중의 소회를 밝히는 글조차 일관적이기만 하면 논리적인 글이라고 말할 것인가? 물론 그럴 수는 없을 것이다.

'논리적 글쓰기'에서 '논리적'이라는 말은 단순히 무모순적이라거나 일관적이라는 것만을 의미하지는 않는다. 그것의 정확한 의미를 파악하려면 우선 논리가 무엇인지 알아야 한다. 논리란 논증 평가의 원리이다.[1] 그러므로 어떤 글이 논리적이라는 말은 그것을 올바른 논증을 이루는 글로 평가한다는 말이다. 이렇게 볼 때, 논리적인 글이란 결국 올바른 논증을 담고 있는 글이고, 따라서 논리적 글쓰기란 타당한 논증을 포함한 글쓰기이며, 논리적 분석은 논증의 분석이다.

총 10장으로 구성된 이 책은 크게 네 부분으로 나뉜다. 먼저

---

1 P. J. Hurley, *A Concise Introduction to Logic*(2nd eds), p. 1 참조.

1~2장에서는 논증의 정의, 기능, 구조 등을 상세히 설명하여 독자들에게 논증에 대한 기초 지식을 제공한다. 다음으로, 3장에서 6장까지는 글쓰기에서 비교적 자주 사용되는 논증방법, 즉 논법들을 소개하고 설명한다. 독자들은 여기에 소개된 여러 논법들을 익혀서 글쓰기에 뛰어난 논객이 되기를 바란다. 이어서 7~8장은 논법을 구사하고, 논증을 전개할 때 실수를 범하지 않기를 바라는 뜻에서 논자들이 범하기 쉬운 여러 가지 오류를 분석하고 설명하는 데 할애하였다. 1장에서 8장까지는 모두 몇 개의 절들로 구성되는데, 각 절의 앞부분은 내용 설명이고 뒷부분은 그 내용의 이해를 돕기 위해 마련한 예제이다. 그리고 각 장의 끝에는 그 장의 내용을 잘 이해했는지 확인할 수 있도록 연습문제를 붙였다.

마지막 9~10장에서는 지문과 그것에 대한 분석 및 논평이 주어진다. 논리적 글쓰기를 잘하기 위해서는 단순히 논증의 원리 및 방법 등을 익히는 것에서 멈춰선 안 된다. 논리적 글쓰기의 모범적인 사례들을 비판적으로 검토함으로써 그것들이 과연 앞에서 익힌 논증의 원리 및 방법, 오류의 사례에 비춰 성공적인지를 스스로 비판적으로 따져보는 작업 또한 논리적 글쓰기를 위해 필수적이다. 이 작업을 통해 뛰어난 논객은 주어진 자료 및 정보를 분석하고, 기존의 주장이나 견해를 비판하여 논제에 관한 자신의 독창적인 주장을 펼치고, 합당한 논거로 독자를 설득한다. 이 책의 마지막

부분인 9장과 10장에서 텍스트를 주고 그것을 분석해 보이는 것은 비판적 사고의 기초 위에서 텍스트를 올바르게 읽고 평가하는 훈련을 위해서이다.

이 책에서 제공하는 내용을 열심히 공부하는 것은 물론 중요하다. 그러나 잊지 말아야 할 것은 논증의 원리와 논법을 익히고, 논리적인 글쓰기의 몇 가지 예들을 평가하는 연습은 모두 독자 스스로 논리적인 글을 작성하기 위한 예비 작업일 뿐이라는 사실이다. 이 책이 단순히 논증과 논리적인 글쓰기에 대한 지식만을 전달하는 것으로 끝날지, 아니면 논리적 글쓰기에 실질적으로 도움이 될 것인지는 이 책을 읽는 독자들에게 달렸다.

차례

1장

논증의 정의와 기능

1 글의 갈래와 논증

글은 그 기능에 따라 여러 갈래로 나뉜다. 사물 또는 현상을 있는 그대로 그려내는 글은 '묘사(description)'라고 부르고, 고정된 대상이 아니라 움직이는 대상, 즉 일어나는 사건을 시간의 경과에 따라 객관적으로 서술하는 글은 '서사(narration)'라고 부른다. 또 주어진 사실이나 현상에 대해 그 원인을 밝히는 글은 '설명(explanation)'이라고 하고, 단순히 사실이나 현상을 기술하는 대신 어떤 주장을 내세우고 그것에 대한 근거를 제시하는 글은 '논증(argument)'이라고 한다.

다른 갈래의 글과 비교할 때 논증의 두드러진 특징은 그 속에 주장을 담고 있다는 것이다. 예를 들어 "우리나라 출산율은 1.20명으로 홍콩(0.96명)에 이어 세계에서 두 번째로 낮은 것으로 나타났다. 또 우리나라 인구는 4,840만 명으로 전년 대비 30만 명 늘었지만 순위는 25위에서 26위로 낮아졌다."는 아무런 주장도 포함하지 않으므로 단순한 사실보고이지만, "국력을 보존 · 신장하기 위해서는 2.0명 정도의 출산율이 유지되어야 한다. 그러나 우리나라 출산율은 1.20명에 불과하다. 그러므로 정부 차원의 출산 장려책이 시급하다."는 출산 장려를 주장하고 있으므로 논증이다.

위에 열거한 네 가지 종류의 글 가운데 설명은 논증과 구별하기 어려울 때가 종종 있다. 어떤 것에 대한 원인을 밝히는 것이나 그것의 근거를 제시하는 것은 서로 비슷하게 보이기 때문이다. 그러나 이 문제 역시 논증에는 주장이 있어야 한다는 '원칙'에 비추어보면 쉽게 해결할 수 있다. 다음의 두 가지 경우를 비교해보자. 첫 번째는 수업이 시작되고 30여 분이 지났는데 A군이 강의실 문을 빠끔히 열고 들어오면서 "교수님, 늦어서 죄송합니다. 오늘따라 방어진 쪽에 차가 엄청 밀려서요."라고 말하는 경우이다. 두 번째는 유난히 남성 유권자가 많은 지역에 국회의원으로 출마한 돈 많은 미남 배우 B씨가 준수한 외모와 엄청난 부가 유권자들의 질투를 유발할 것을 우려한 나머지 스스로의 약점을 공개하여 동정표를 얻을 심산으로 유권자들을 향해, "여러분, 이 사람은 인생의 지각생입니다. 대학은 삼수 만에 겨우 들어갔고, 정계 진출도 늦었으며, 무엇보다 나이 마흔이 넘었으나 아직도 미장가올시다."라고 말하는 경우이다. 첫 번째 경우, A군은 자기가 늦었다고 주장하고 그 주장에 대한 근거를 제시한 것이 아니라 지각이라는 사실에 대해 그 원인을 말했기 때문에 논증이 아니라 설명을 한 것이다. 반면에 영화배우 B씨는 자신이 지각생이라고 주장하고 그에 대한 근거를 제시했기 때문에 설명이 아니라 논증을 한 것이다. 이때 유의할 점은 설명 속의 사실은 객관적인 것으로 의심의 여지없이 누구에게나 분명한 데 반해 논증 속의 주장은 논자 자신의 주관적인 의견이나 주의이기 때문에 비록 논자에게는 당연하게 여겨지더라도 다른 사람들에게는 문제가 될 수 있다는 것이다.[1]

1 "논증은 진리값이 논란의 여지가 있는 명제를 왜 믿어야 하는지 그 이유를 제공한다. 반면에, 설명은 어떤 명제의 진리값이 논란의 여지가 없을 때 왜 그 명제가 사실인지를 말해준다." T. Bowell and G. Camp, *Critical thinking*, p. 199.

예제 1.1

다음 글의 종류를 말하라.

생김생김으로 보아서 얼굴이 쥐와 같고 날카로운 이빨이 있으며 눈에는 교활함과 독한 기운이 늘 나타나 있으며, 빌룩한 코에는 코털이 밖으로까지 보이도록 길게 났고, 몸집은 작으나 민첩하게 되었고, 나이는 스물다섯에서 사십까지 임의로 볼 수 있으며, 그 몸이나 얼굴 생김이 어디로 보든 남에게 미움을 사고 근접치 못할 놈이라는 느낌을 갖게 한다.

풀이 김동인의 소설 『붉은산』의 주인공인 삵이라는 인물을 묘사하는 묘사문이다.

예제 1.2

다음 글의 종류를 말하라.

지금은 경제 활성화의 최적기이다. 그러나 개헌은 워낙 큰 이슈이기 때문에 일단 개헌 논의가 시작되면 블랙홀 같이 모두 거기에 빠져들어서 경제 문제는 뒷전으로 밀리고 말 것인데, 이것이 지금 개헌 논의를 허용해서는 안 되는 이유이다.

풀이 지금은 경제 활성화의 최적기이며, 개헌 논의가 시작되면 경제 문제는 뒷전으로 밀릴 것이라는 점을 근거로 지금 개헌 논의를 허용해서는 안 된다고 주장하고 있으므로 이 글은 논증이다.

2 논증의 기능: 증명과 설득

논증의 주 기능은 두 가지인데 그 하나는 진실을 밝히는 것으로,[2] 수학의 증명과 같다. 삼단논증, "모든 사람은 죽는다. 소크라테스는 사람이다. 그러므로 소크라테스는 죽는다."를 예로 들면, 이 논증은 소크라테스가 죽는다는 명제를 모든 사람은 죽는다는 명제, 그가 사람이라는 명제로부터 연역적으로 증명한 것으로서 소크라테스의 가멸성(可滅性)이라는 진실을 밝힌 논증이다.

2 "[사람들은] 그들의 행위와 생각을 그들 자신 및 반대자들에게 정당화하기 위해, 그리고 이 과정에서 문제를 해결하고 결정, 특히 상충되는 의견들 사이의 합의에 의존하는 결정을 내리기 위해" 논증을 한다. A. T. Rottenberg, *Elements of Argument*, p. 5.

논증의 두 번째 기능은 설득이다. 설득이란 상대에게 영향을 주어 (당초의 생각을 버리고) 자신의 뜻대로 생각하고 행동하도록 만드는 것이다. 만약 어떤 사람이 소크라테스가 영생을 누릴 것이라고 믿는 사람들에게 소크라테스의 인간적 속성을 드러내는 자료들을 보여주며 소크라테스의 가멸성을 논증하여 그들의 믿음을 바꿨다면 그는 논증으로써 사람들을 설득한 것이다. 그러나 어느 한 쪽이 일방적으로 다른 쪽을 설득하는 경우보다 쌍방이 서로를 설득하려는 경우가 더 많다. 다음은 어느 부녀 간의 대화이다.

아 빠 (입을 반쯤 벌리고 유명 가수의 TV 공연을 취한 듯 보고 있는 고등학생 딸에게) 영희야, 이제 TV 좀 그만 보고 공부 좀 해라.

딸 나 오늘 공부 2시간이나 했는걸. 그만하면 충분해. 이제부터 쉴 거야.

아 빠 이다음에 좋은 직장 얻어서 잘살려면 그 정도로는 충분하지 않다. 어서 가서 공부하거라.

딸 싫어. 미래의 행복을 위해 현재의 고통을 감수하는 것은 어리석은 짓이야. 현재도 미래 못지않게 중요하거든. 행복은 성적순이 아니라는 말도 있잖아.

이 대화에서 아빠는 딸에게 자신의 뜻에 따라 (TV를 끄고) 미래를 위해 열심히 공부하라고 설득하려고 한다. 반면에 딸은 아빠에게 성적지상주의적 생각을 버리고 자기를 들볶지 말라고 설득한다.

이 부녀는 서로 상반되는 근거를 제시하고 있는데, 아빠의 논거는 고등학생 시절에 공부를 열심히 해두면 장차 인생을 살아가는 데 크게 도움이 된다는 것이고, 딸의 논거는 고등학교 때의 성적과 그 이후의 행복(또는 성공) 사이에는 아무런 관계도 없다는 것이다. 아빠는 미래의 행복을 위해서라면 지금 몇 년간의 고통은 기꺼이 감수해야 한다는 전제에서 출발한 데 반해 딸은 현재도 미래 못지않게 중요하기 때문에 미래를 위한 현재의 희생이 불합리하다는 것을 전제하고 있다. 이 부녀가 서로 상대를 설득하려면, 자신의 전제는 옳고(또는 더 그럴듯하고) 상대방의 전제는 틀렸음(또는 덜 그럴듯하다는 것)을 입증해야 할 것이다.

이에 아빠는 고교시절의 성적과 졸업 후 성공 사이의 상관관계를 조사한 통계가 자신이 옳다는 것을 증명해주리라 믿고 그런 통계를 찾는다. 그러나 상관관계를 분명하게 보여주는 그런 통계는 발견되지 않는다. 그래서 딸의 장래를 지나치게 걱정한 아빠가 통계를 조작하여 (또 반복적인 세뇌공작까지 해가며) 놀기 좋아하는 딸을 설득하는 데 마침내 성공했다고 하자. 이 아빠는 자신의 주장이 정당하고 옳다는 확신을 가지고 딸의 마음을 움직이는 데 전력을 다했다. 진리 탐색이나 사실 규명은 외면한 채 설득에만 주력하여 딸을 조종하려고 하는데, 이로써 아빠의 설득 행위는 프로파간다(propaganda)로 바뀌고 아빠는 합리적인 논의 대신 권위의 독단에 호소하는 독재자로 전락해버리고 말았다.

논증은 모두 설득을 지향하지만, 그렇다고 모든 설득 시도가 논증은 아니다. 진위 여부는 아랑곳하지 않고 오로지 설득만을 목표로 하는 행위는 논증이 아니라 프로파간다에 불과하다. 대부분의 광고, 많은 정치 연설, 사람의 심리를 이용하는 세련된 세일즈 기술 등이 이런 설득 행위에 속한다고 할 수 있다. 그것은 다양한 속임수, 심리 이용, 협박과 보상으로 다른 사람들의 행위에 영향을 미치려는 시도로서 진리의 탐색이나 사실의 규명에는 애당초 관심이 없다.[3] 모름지기 논자란 논증을 통해 상대를 설득하기도 하지만, 동시에 문제를 헤쳐 나가며 진리를 탐색하기도 해야 한다. 앞의 부녀는 서로를 설득하려고 애쓸 뿐만 아니라, 공부는 왜 해야 하는지, 무엇이 진정한 행복이고 성공인지, 청춘의 꿈은 어디서 찾을 것이며, 그것을 이루기 위해서는 어떻게 또 얼마나 노력해야 하는지 등의 문제에 대한 해답을 얻으려고 노력해야 할 것이다. 이 부녀에게

---

3 사실을 왜곡하지만 않는다면, 심리를 이용하거나 감정에 호소하는 설득조차 논증적인 것으로 인정하는 경향이 점차 강해지고 있다. 이 책에서 우리는 논증이라는 용어를 독자나 청자로 하여금 어떤 주장을 논리적 호소나 감정적 호소 또는 통상 그러하듯이 양자 모두에 근거하여 받아들이도록 설득하려고 시도하는 담론의 형태들을 나타내기 위해 사용한다. 같은 책, pp. 9-10.

는 성공, 행복, 인생의 목표, 의지, 노력 등의 의미에 관해 깊이 성찰하고 그에 대한 이해를 넓히는 것 또한 논쟁에서 이기는 것 못지않게 중요하다.

예제 1.3

다음 글의 논증을 평가하라.

금강산댐에 의한 수공 위협에 관해 제5공화국 정부의 주장은 대략 이러하다. 북한이 계획하고 있는 금강산댐의 저수량은 최소 70억 톤, 최대 200억 톤에 이를 것으로 추정된다. 이 댐은 북한강을 통해 휴전선 이남으로 흘러들어가는 연간 18억 톤의 물 공급을 차단할 것이다. 북한이 이 댐을 붕괴시키면 200억 톤의 물이 하류로 내려가서 63빌딩 절반까지 물에 잠길 수 있고, 그렇게 되면 88 서울올림픽 개최는 어려울 것이다.

풀이 (평가할 때 다음의 사항을 고려하자.)

당시 실제 금강산댐의 최대 저수량은 59.4억 톤으로 위의 추정치의 $\frac{1}{3}$수준이고, 설사 59.4억 톤의 물을 일시에 방류한다 하더라도 그 위력은 서울 한강변의 일부 저지대만을 침수시키는 정도에 불과하다.

위의 논증은 사실을 왜곡하여 자신의 주장을 정당화하고 있다. 논증은 설득을 지향하고 있지만, 모든 설득이 논증이 될 수는 없다. 논증은 적절한 논거를 바탕으로 할 때, 올바른 설득이 될 수 있다. 하지만 위의 주장은 과장된 사실을 바탕으로 설득하려 하기 때문에 논증이라 할 수 없다.

연습문제

1. 다음 글의 종류를 말하라.

1.1 독서는 학생들에게 가장 중요한 활동이다. 무엇보다도 학생들은 독서를 통해 세상에 대한 중요한 정보를 얻을 수 있다. 그것은 학생들의 마음을 열어서 다른 관점들을 접하게 하기도 한다. 또한 독서는 학생들이 분석, 추론, 결론 도출 능력 등과 같은 비판적 사고 능력을 기르는 데 도움을 준다. 이런 이유에서 학생들은 적어도 하루 1시간 이상은 독서를 해야 한다.

1.2 여러 겹 주름이 잡힌 훨렁 벗겨진 이마라든지, 숱이 적어서 법대로 쪽지거나 틀어 올리지를 못하고 엉성하게 그냥 빗겨 넘긴 머리꼬리가 뒤통수에 염소 똥만 하게 붙은 것이라든지, 벌써 늙어가는 자취를 감출 길이 없었다. 뾰죽한 입을 앙다물고 돋보기 너머로 쌀쌀한 눈이 노릴 때엔 기숙생들이 오싹하고 몸서리를

칠 만큼 그는 엄격하고 매서웠다.

– 현진건, 『B사감과 러브레터』

1.3 낮에 햇빛이 비추면 바다보다는 육지가 먼저 데워진다. 가열된 물체는 확장되므로 같은 부피의 찬 물체보다 가벼워진다. 육지의 공기가 가벼워져서 위로 올라가면 그 자리에 바다 쪽의 공기가 들어오게 된다. 그러므로 낮에 바람이 바다에서 육지로 부는 것은 당연하다.

1.4 닭아, 닭아, 우지 마라. 네가 울면 날이 새고, 날이 새면 나 죽는다.

– 『심청전』

1.5 그 붉은 우흐르 훌훌 움직여 도는데, 처음 났던 붉은 기운이 백지 반 장 넓이만치 반듯이 비치며, 밤 같던 기운이 해 되어 차차 커 가며, 큰 쟁반만 하여 불긋불긋 번듯번듯 뛰놀며, 적색이 온 바다에 끼치며, 몬저 붉은 기운이 차차 가새며, 해 흔들며 뛰놀기 더욱 자로 하며, 항 같고 독 같은 것이 좌우로 뛰놀며, 황홀히 번득여 양목(兩目)이 어즐하며, 붉은 기운이 명랑하여 첫홍색을 헤앗고, 천중(天中)에 쟁반 같은 것이 수렛바퀴 같하야 물속으로서 치밀어 받치듯이 올라붙으며, 항, 독 같은 기운이 스러지고, 처음 붉어 겉을 비추던 것은 모여 소혀처로 드리워 물속에 풍덩 빠지는 듯싶으더라. 일색(日色)이 조요(照耀)하며 물결에 붉은 기운이 차차 가새며, 일광이 청랑(淸朗)하니, 만고천하에 그런 장관은 대두(擡頭)할 데 없을 듯하더라.

– 의유당 김 씨, 『동명일기』

1.6 현재의 전력으로 만약 우리가 육지에서 싸운다면 약간 불리할 것이나, 만약 해상에서 싸운다면 매우 유리할 것이다.

1.7 길은 지금 긴 산허리에 걸려 있다. 밤중을 지난 무렵인지 죽은 듯이 고요한 속에서 짐승 같은 달의 숨소리가 손에 잡힐 듯이 들리며 콩포기와 옥수수 잎새가 한층 달에 푸르게 젖었다. 산허리는 온통 메밀밭이어서 피기 시작한 꽃이 소금을 뿌린 듯이 흐뭇한 달빛에 숨이 막힐 지경이다.

– 이효석, 『메밀꽃 필 무렵』

1.8 30일 오후 6시 문화제 형태의 부산역 집회로 시작된 3차 희망버스 행사가 31일 오후 큰 충돌 없이 마무리됐다. 희망버스 참가자들은 31일 오전 9시 30분께 한진중공업 영도조선소 인근 집회장소를 떠나 도보로 중구 중앙동 한진중공업 R&D센터 앞으로 이동, 기자회견을 한 뒤 오전 11시 30분께 부산경찰청 앞에서 항의집회를 하고 오후 1시 30분께 자진 해산했다. 희망버스 참가자들은 30일 오후 9시께부터 한진중공업 영도조선소 동문 쪽인 대선조선 2공장 앞(영도조선소에서 800여 m 지점) 도로(왕복 4개 차로)에 모이기 시작, 자정께 3천여 명 이상으로 늘어났다. 이들은 31일 오전 6시께까지 문화제 형식의 집회를 이어갔다. 밤샘 집회에서는 노래공연, 한진중공업 정리해고 철회 요구 자유발언, 김진숙 민주노총 지도위원에게 풍등 띄우기 등이 이어졌다. 김 위원은 휴대전화 통화에서 "2차 희망버스 때 최루액과 물대포를 맞는 고통을 당하고도 다시 방문해준 여러분

께 감사드린다."며 "머지않아 우리 모두 함께 얼싸안고 웃을 날이 올 테니 그날까지 투쟁하자."고 말했다. 희망버스 참가자들은 당초 약속한 대로 한진중공업 영도조선소 쪽으로 행진은 시도하지 않아 차벽을 설치한 경찰과 충돌하진 않았다. 3차 희망버스 행사에서 큰 물리적 충돌은 빚어지지 않았지만 영도조선소 주변 곳곳에서 마찰이 빚어지긴 했다. 서울에서 내려온 어버이연합 회원 300여 명이 30일 오후 9시께 영도대교 앞에서 영도 쪽으로 들어가는 시내버스 2대를 막아섰다. 이들은 "버스 승객 중 희망버스 참가자들은 내려라."고 말한 뒤 승객들을 끌어내렸다. 이 과정에서 버스 승객과 몸싸움이 빚어졌으며 노인 1명이 머리를 다치기도 했다. 부산역 집회를 마친 희망버스 참가자들은 영도조선소 쪽으로 이동하기 위해 30일 오후 11시께 영도다리 앞으로 집결했다가 어버이연합, 부산 영도구 주민자치위원회 등에 막혀 대치했다. 비슷한 시각 영도조선소에서 700m 정도 떨어진 봉래교차로에 먼저 도착한 일부 희망버스 참가자들은 도로에 있다가 경찰과 가볍게 충돌하기도 했다.

- 연합뉴스, 2011년 7월 31일자

2. 다음은 시저가 암살당한 후 안토니우스가 대중을 상대로 행한 연설이다. 이 글에서 논증을 찾아내고 평가하라.

친구여, 로마인이여, 동향인이여! 내게 그대들의 귀를 좀 빌려주시오. ……

만약 그대들에게 눈물이 있거든 지금 그것을 흘릴 준비를 하시오.

그대들은 모두 이 외투를 알 것이오. 나는 시저가 이것을 맨 처음 입었던 때를 기억하오. 어느 여름날 저녁 그의 텐트에서였소. 시저가 네르비족을 정복한 바로 그날이었다오. 그런데 보시오, 이 자리로 카시우스의 단검이 뚫고 지나간 것을. 또 그 시기심 많은 카스카가 그어놓은 칼자국을 보시오. 그리고 이 안쪽으로 그렇게 시저의 총애를 누리던 그 브루투스가 칼질을 했소.

당신들, 신들은 아실 것이오. 시저가 그를 얼마나 끔찍이 총애했는지!

그의 칼질은 모든 칼질 가운데 가장 무자비한 것이었습니다. 왜냐하면 그 고귀한 시저는 그가 칼질하는 것을 보았을 때, 그 배은망덕이 배신자의 팔보다 더 아팠기 때문입니다.

그를 완전히 쳐부수소서. 그러면 그의 질긴 심장도 폭발할 것입니다.

3. 다음을 주제로 500자 내외의 논증문과 비논증문을 써라.

3.1 청와대: 논증문과 묘사문

3.2 담배 금단 현상: 논증문과 설명문

2장

논증의 구조

1 전제와 결론

논증은 명제들로 구성되며, 논증을 구성하는 명제들은 무언가를 주장하는 명제와 그 명제의 정당성을 뒷받침하는 명제[1]들로 나뉜다. 위의 "모든 사람은 죽는다."와 "소크라테스는 사람이다."처럼 논증에서 근거의 역할을 하는 명제들은 '전제'라고 부르고, 주장의 역할을 하는 명제는 '결론'이라고 부른다. 결국 논증의 구성요소는 전제와 결론이다. 그러나 전제와 결론의 수는 논증에 따라 다르

---

1 명제란 참 또는 거짓으로 판별될 수 있는 직설법 문장인데, 의미만 같으면 동일한 명제로 취급된다는 점에서 여느 문장들과는 다르다. 명제가 되려면 참이나 거짓일 수 있어야 하므로 참과 거짓의 판별이 불가능한 의문문이나 감탄문은 명제가 아니다. 또 "지금 비가 오고 있다."와 "It is raining now."는 각각 국문과 영문으로서 서로 다른 문장이나, 의미가 같기 때문에 동일한 명제이다.

다. 예를 들어, 논증 “고래는 포유동물이다. 그러므로 고래는 물고기가 아니다.”에서는 전제도 한 개이고 결론도 한 개이지만, 소크라테스의 가멸성(可滅性)을 논하는 앞의 논증에서는 전제는 두 개이고 결론은 한 개이다. 또 전제는 세 개 이상인데 결론은 한 개인 논증도 있다. 요컨대 한 논증의 전제는 여럿일 수 있지만, 결론은 오직 하나뿐이다.

전제가 여럿일 때 두 개 이상의 전제가 서로 결합하여 결론을 지지하는 경우도 있지만, 각각의 전제가 독자적으로 결론을 뒷받침하는 경우도 있다. 예를 들면, 소크라테스의 가멸성을 논하는 논증에서는 전제 “모든 사람은 죽는다.”와 “소크라테스는 사람이다.”가 결합하여 결론 “소크라테스는 죽는다.”를 지지한다. 그러나 “지구상에서 한 방향으로 계속 가면 출발지점으로 돌아온다. 그리고 먼 바다에서 항구로 들어오는 배는 돛대부터 보이고, 먼 바다로 나가는 배는 선체부터 사라진다. 그러므로 지구는 둥글다고 말할 수 있다.”는 논증에서는 전제 “지구상에서 한 방향으로 계속 가면 출발점으로 돌아온다.”와 “먼 바다에서 항구로 들어오는 배는 돛대부터 보인다.”와 “먼 바다로 나가는 배는 선체부터 사라진다.”가 모두 각기 결론 “지구는 둥글다.”를 지지한다. 전제의 결론에 대한 지지를 화살표로 표시하면, 이 두 논증에서의 전제와 결론의 관계는 다음과 같이 표현될 수 있을 것이다.

① 모든 사람은 죽는다.

② 소크라테스는 사람이다.

③ 소크라테스는 죽는다.

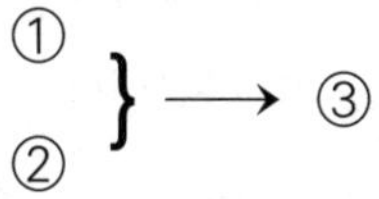

① 지구상에서 한 방향으로 계속 가면 출발점으로 돌아온다.

② 먼 바다에서 항구로 들어오는 배는 돛대부터 보인다.

③ 먼 바다로 나가는 배는 선체부터 사라진다.

④ 지구는 둥글다.

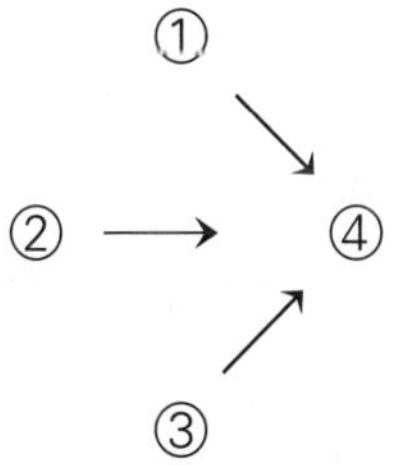

예제 2.1

다음 논증의 전제와 결론의 관계를 화살표로 표시하라.

사람은 기본적인 인권을 가지고 태어난다. 악한 사람이나, 감옥에 있는 사람이나, 어린이이도 다 사람이다. 그러므로 악한 사람이나, 감옥에 있는 사람이나, 어린아이도 그 인권을 함부로 침해해서는 안 된다.

풀이 ① "사람은 기본적인 인권을 가지고 태어난다."

② "악한 사람이나, 감옥에 있는 사람이나, 어린아이도 다 사람이다."

③ "악한 사람이나, 감옥에 있는 사람이나, 어린아이도 그 인권을 함부로 침해해서는 안 된다."

①
} ⟶ ③
②

예제 2.2

다음 논증의 전제와 결론의 관계를 화살표로 표시하라.

법인세 인하는 경기를 활성화시켜 결과적으로 세수를 늘리는 효과가 있다. 단기적으로는 기업의 투자 의욕을 북돋우고, 장기적으로는 국내자본의 해외유출을 막고 외국자본을 국내로 유치해 한국 경제의 경쟁력을 키우는 데 플러스 요인이 될 것은 분명하다. 합리적이고 현명한 결정을 위해 정부 여당은 물론 야당도 협조해야 할 것이다.

– "법인세율 인하, 옳은 방향이다", 중앙일보, 2005년 5월 21일자

풀이 ① "법인세 인하는 경기를 활성화시켜 결과적으로 세수를 늘리는 효과가 있다."

② "단기적으로는 기업의 투자 의욕을 북돋우고, 장기적으로는 국내자본의 해외유출을 막고 외국자본을 국내로 유치해 한국 경제의 경쟁력을 키우는 데 플러스 요인이 될 것은 분명하다."

③ "합리적이고 현명한 결정을 위해 정부 여당은 물론 야당도 협조해야 할 것이다."

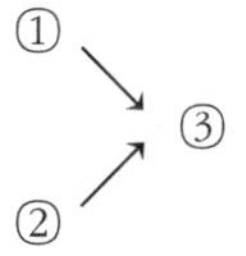

2 논증의 사슬

단일한 논증에서는 전제들이 아무리 많더라도 오직 하나의 결론만을 지지한다. 그러나 여럿의 단일 논증들이나 한 논증의 결론이 다른 논증의 전제가 되는 방식으로 서로 고리를 이루며 사슬처럼 연결되어 복합논증을 이루기도 한다. 다음 글을 살펴보자.

> 높은 봉급을 축내고 시간만 때우는 관리직 관부들은 대부분 자리를 유지한 반면, 지하철 운행과 점검 · 보수 · 정비 등 반드시 필요한 현업직 등은 단지 힘이 없는 하위직이라는 이유로 대거 감원되었다. 이런 그릇된 구조조정으로 기관사는 두 명에서 한 명으로 줄었고, 그로 인해 이번 같은 돌발 위기 상황이 발생했을 때 우왕좌왕 허둥대며 제대로 대처하지 못하고 만 것이다. 기관사 혼자서 지하철을 운행하고 안전점검 · 대피 · 구조 등의 업무까지 감당하기란 애초부터 무리인 셈이었다. 그러니 지금

이라도 기관사를 예전처럼 두 명씩 배치하고, 기계 정비 · 보수 · 점검과 전기 · 설비 등 현장에 필요한 직원은 현실에 맞게 인력을 증강 배치해야 한다.

– 경향신문, 2003년 3월 12일자

이 논증의 궁극적인 주장은 기관사를 원래대로 두 명씩 배치하고 그 밖에 현장에 필요한 직원도 현실에 맞게 증강 배치하자는 것이고, 이 주장의 직접적인 근거는 이번 같은 돌발 위기 상황이 발생하면 제대로 대처하지 못한다는 것이다. 그 이유는 현장에는 기관사 한 명만 남았는데 그가 혼자서 여러 가지 업무를 감당할 수 없기 때문이라는 것이고, 현장에 기관사가 한 명만 남은 까닭은 나머지 현업직 등이 모두 해고되었기 때문이라는 것이다. 이것은 다음과 같이 분석할 수 있을 것이다.

① 지하철 운행과 점검 · 보수 · 정비 등 반드시 필요한 현업직 등은 단지 힘이 없는 하위직이라는 이유로 대거 감원되었다.
② 기관사가 두 명에서 한 명으로 줄었다.
③ 이번 같은 돌발 위기 상황이 발생했을 때 우왕좌왕 허둥대며 제대로 대처하지 못했다.
④ 기관사 혼자서 차를 운행하고 안전점검 · 대피 · 구조 등의 업무까지 감당하기란 애초부터 무리였다.
⑤ 지금이라도 기관사를 예전처럼 두 명씩 배치하고 기계 정비 · 보수 · 점검과 전기 · 설비 등 현장에 필요한 직원은 현실에 맞게 인력을 증

강 배치해야 한다.

① ⟶ ②
} ⟶ ③ ⟶ ⑤
④

위에서 명제 ②와 명제 ③은 결론임과 동시에 전제이다. 명제 ②는 명제 ①의 결론이지만, 명제 ③의 부분적인 전제이다. 또 명제 ③은 명제 ②와 ④의 결론이지만, 명제 ⑤의 전제이다. 이처럼 하나의 명제가 어느 한 논증에서는 결론이 되고 다른 논증에서는 전제가 됨으로써 그 두 논증이 마치 사슬의 고리처럼 서로 연결된다. 실생활에서는 여러 단일논증들이 서로 연결된 복합논증들이 단일논증보다 훨씬 많이 발견된다.

예제 2.3

다음 논증의 전제와 결론의 관계를 화살표로 표시하라.

가상광고가 허용될 경우 매체 간 균형발전이 흔들리고 시청자 주권이 침해된다. 가상광고는 광고수입의 극대화를 노려온 방송사들의 이기주의적 산물이다. 가상광고가 실시되면 미디어업계뿐 아니라 스포츠업계도 큰 타격을 입게 된다. 그러므로 TV 가상광고는 허용돼서는 안 된다.

풀이 ① "가상광고가 허용될 경우 매체 간 균형발전이 흔들리고 시청자 주권이 침해된다."

② "가상광고는 광고수입의 극대화를 노려온 방송사들의 이기주의적 산물이다."

③ "가상광고가 실시되면 미디어업계뿐 아니라 스포츠업계도 큰 타격을 입게 된다."

④ "TV 가상광고는 허용돼서는 안 된다."

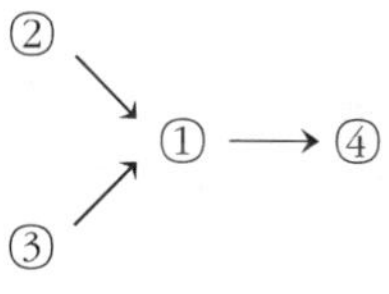

예제 2.4

다음 논증의 전제와 결론의 관계를 화살표로 표시하라.

미국의 이라크 침공은 명분 없는 전쟁이다. 합당한 이유 없이 이라크인들을 죽이는 살상 행위이다. 9.11 테러에 대한 보복이 이 전쟁의 명분이라고 하지만, 이라크가 9.11 테러와 연계돼 있다는 어떤 증거도 제시되지 않았다. 대량살상무기로 테러를 지원할 우려가 높은 이라크를 무장해제한다는 또 하나의 명분도 설득력이 없기는 마찬가지다.

그동안 기회가 있을 때마다 밝혔듯이 우리는 미국의 이라크 침공을 지지하거나 어떤 형태로건 이에 참여하는 것에 반대한다.

풀이 ① "미국의 이라크 침공은 명분 없는 전쟁이다."

② "9.11 테러에 대한 보복이 이 전쟁의 명분이라고 하지만, 이라크가 9.11 테러와 연계돼 있다는 어떤 증거도 제시되지 않았다."

③ "대량살상무기로 테러를 지원할 우려가 높은 이라크를 무장해제한다는 또 하나의 명분도 설득력이 없기는 마찬가지이다."

④ "그동안 기회가 있을 때마다 밝혔듯이 우리는 미국의 이라크 침공을 지지하거나 어떤 형태로건 이에 참여하는 것에 반대한다."

②
} ⟶ ① ⟶ ④
③

3 생략된 전제, 숨어 있는 가정

자명한 일반화 명제[2]는 종종 논증에서 생략된다. 예를 들어, 논증 "고래는 포유동물이다. 그러므로 고래는 물고기가 아니다."에는 어떤 포유동물도 물고기가 아니라는 전제가 생략되어 있다. 생략된 전제를 복원하여 다시 쓰면, 논증은 "고래는 포유동물이다. 그런데 어떤 포유동물은 물고기가 아니다. 그러므로 고래는 물고기가 아니다."가 될 것이다. 그러나 이렇게 되면 누구나 알고 있는 진부한 사실이 언급되어 독자들은 논증을 읽기가 짜증스러울 수도 있다. 자명한 일반화 명제를 논증에서 생략하는 이유는 누구나 알고 있는 정보로 독자(또는 청자)를 지루하게 하지 않으려는 데 있다.

2 '사람'이 '소크라테스'를 일반화한 개념인 것처럼 "사람은 죽는다."는 "소크라테스는 죽는다."에 대한 일반화 명제이다.

그러나 자명한 것으로 여기고 생략한 전제가 실은 진리가 아니라 틀린 가정일 수도 있다. 가령 누군가가 "영수아빠가 고급 외제차를 몰고 다니는 것을 보면, 영수네 집은 부자임에 틀림없다." 고 논증한다면, 그 사람은 고급 외제차를 모는 사람은 누구나 부자라는 것은 너무도 명백한 사실이어서 구태여 다시 언급할 필요가 없다고 보고 논증에서 생략한 것이다. 그러나 허영심 때문에 무리하게 빚을 내서 고급 외제차를 굴리는 사람도 있을 수 있다는 것을 생각하면, 생략된 그 전제는 틀렸다는 것을 쉽게 알 수 있다. 이렇게 어떤 논증 배후에 숨어 있는 가정을 찾아내어 비판함으로써 그 논증의 부당성을 지적할 수도 있다.

그뿐 아니라 논자 자신의 신념이나 견해 또는 판단 등을 은연중에 당연한 것으로 가정하는 경우도 종종 있다. 자신이 소속한 대학의 공간문제 해결방안을 논하는 어느 대학생의 다음 글은 그러한 경우를 잘 보여준다.

> 인문대학 공간부족 문제에 대한 학교 측의 해결 방안은 '9호관 재건축 계획'이다. 그것은 서부캠퍼스가 2000년에 개교한 동부캠퍼스로 단계적으로 이전하고 난 후 서부캠퍼스의 9호관을 재건축하여 인문대학 건물로 활용한다는 계획이다. 반면에 학생들은 울산대학교 캠퍼스에 새로이 인문대학 전용 건물을 신축한다는 안을 꾸준히 요구했다. 학교는 학생들의 요구를 번번이 묵살하면서 그 이유로 예산 및 부지 문제를 들었

다. 그러나 내 눈에는 그 이유가 궁색한 변명으로만 들린다. 그동안의 조사에 따르면, 학교 본부는 인문관 신축 비용을 평당 300만 원쯤 쳐서 총 100억 원 정도로 보고 있는 것 같다. 그만한 돈이 없어서 못하겠다는 것인데, 조만간 스포츠센터를 지으려고 170억 원의 예산을 배정한 것을 보면 납득하기 어렵다. 지하 1층, 지상 3층 규모의 스포츠센터 건축에 170억 원씩 쓰면서 100억 원짜리 인문관 신축에는 인색하게 재원 운운하는 것은 학교가 학생들의 강의 환경을 개선할 의지가 없음을 고백하는 것이 아닌가? 부지 문제도 그렇다. 현재 인 · 사 · 경(인문 · 사회 · 경영대학) 광장이나 사회대학 건물 왼편 비포장 주차장은 아직 어떤 계획도 마련되지 않은 곳으로, 인문대학 건물을 신축하기에 적합한 공간이다. 인 · 사 · 경 광장의 경우, 사회대학에서 조망권 등의 이유로 반발할 수 있겠지만 사회대학 또한 강의실 부족 현상이 나타나고 있는 형편이라 신축 건물에 사회대학 강의실을 일부 배정한다면 그 정도의 반발은 충분히 무마할 수 있을 것이다. 그러므로 9호관을 재건축하는 안이 신입생 유치 문제로 흐지부지되고 만 지금 학교는 학생들의 요구를 받아들여 인문관 신축을 적극적으로 추진해야 한다.

이 글에서 논자는 마치 공간문제를 해결하는 방법이 9호관을 재건축하는 안과 인문관을 신축하는 안, 이렇게 두 가지뿐이라는 가정을 전제하고 있으나, 9호관을 재건축하는 안이 흐지부지되고 인문관을 신축하는 안은 재원 마련의 어려움으로 당장 추진하기 어렵다면, 보다 현실적인 제3의 대안으로서 현재의 인문관을 리모델링하는 안도 생각해볼 수 있을 것이다.

예제 2.5

다음 논증의 생략된 전제를 찾아서 그 정당성을 평가하라.

울산대학교는 울산에 있다. 그러므로 그것은 대한민국에 있다.

풀이 숨은 가정은 "울산에 있는 것은 모두 대한민국에 있다."이고, 이것은 참이다.

예제 2.6

다음 논증의 생략된 전제를 찾아서 그 정당성을 평가하라.

수업시간에 문자 메시지를 보내는 일은 잘못이 아니다. 왜냐하면 학생들 거의 모두가 그렇게 하기 때문이다.

풀이 숨은 가정은 대부분의 사람들이 하는 일은 그것이 어떤 것이든 잘못이 아니라는 것인데, 이것은 틀린 가정이다.

4 논증 추리기

논증을 포함하는 글이라 하더라도 글 전체가 모두 직접 논증을 구성하는 것은 아니다. 전제나 결론처럼 논증을 직접 구성하는 명제도 있고, 논증을 직접 구성하지는 않지만 독자들의 관심이나 주의를 끌기 위해 필요한 문장도 있고, 논의의 배경을 설명하기 위해 필요한 부분도 있고, 전후 문단을 연결하기 위해 넣는 말도 있다. 그러므로 어떤 글의 요점을 파악하려면 그 글 중에서 논증에 참여하는 부분과 그렇지 않은 부분을 가릴 수 있어야 한다. 아래의 글을 살펴보자.

플라세보 효과(placebo effect)의 실험은 오래전부터 알려져 이제 상식이 되어버린 의학적 사실—병은 약뿐만 아니라 마음으로도 고친다는 사실—을 증명한다. 이 실험은 약효가 전혀 없는 가짜 약을 진짜 약으로 가장하여 환자들에게 복용토록 하고 그들의 병세가 어떻게 진행되는지 관찰하는 것으로 이루어진다. 가짜 약을 진짜 약으로 굳게 믿고 열심히 복용한 피험자들은 대부분의 실험에서 증상이 호전되는 것으로 관찰되었다. 믿음이 그들을 구한 것이다.

– 이동연, 『잠자는 기술』, 평단문화사

이 글에서 논증을 구성하는 부분은 병은 마음으로도 고친다는 결론과 가짜 약을 진짜 약으로 믿고 복용한 환자들의 병세가 호전되었다는 전제이다. 나머지는 논증에 직접 관련되는 부분이 아니다. 이처럼 글에는 도입부, 연결부, 묘사, 설명 등과 같이 논증과 직접적인 관련이 없는 부분도 많다. 그러므로 글을 정확하게 분석하려면, 원유에서 휘발유를 정제해내고 쇳돌에서 쇠를 제련해내듯이 주어진 글에서 논증들을 뽑아내야 한다. 이렇게 '정제'되어 나온 논증들 사이의 관계가 제대로 파악되어야 비로소 그 글에 대한 이해가 완성된다고 할 수 있다.

또, 하나의 논술이 반드시 하나의 논증만 포함하는 것도 아니다. 한 편의 논술 안에 여러 개의 논증이 들어 있는 경우가 오히려 더 많다. 다음의 글은 그것을 잘 보여준다.

신화시대의 권력교체 명분은 천재지변이었다. 권력은 하늘이 내려준다는 소박한 믿음 때문이었다. 집권자는 가뭄으로 권력을 잃고, 홍수를 이용해 권력을 잡곤 했다.

기원전 10세기께 이집트의 피지배계층이었던 수십만 명의 이스라엘 부족에게 신권적 지도력을 행사한 사람은 모세였다. 성경에 따르면 모세는 열 가지 하늘의 재앙을 일으켜 이스라엘에 대한 파라오의 지배 권력을 빼앗았다.

부족국가에서 도시국가로 이행하던 초기 고구려 설화에도 비슷한 얘기가 있다. 고구려 시조인 고주몽(기원전 58~19)이 주변 강대국인 비류국을 점령할 때다. 고주몽은 비류국의 늙은 왕인 송양과 말싸움, 활싸움을 해서 이겼지만 그를 승복시키지 못했다. 그래서 고주몽은 '하느님의 아들'답게 비류국에 대홍수를 일으켜 민심을 흔들어놓은 뒤 송양으로부터 나라를 이양 받았다.

송양이 나라를 넘길 결심을 할 때 그의 한 신하는 "안 됩니다. 이번 수해는 일시적인 것이며, 어리석은 백성의 민심이란 마치 달이 모습을 바꿔가듯 금세 변하는 법입니다."라고 결사반대했다. 그러나 다른 신하가 "민심은 천심, 한 번 바뀐 민심은 되돌릴 수 없습니다."라는 말로 권력이양을 못 박았다(『제왕운기』, 『동명왕편』 등).

실제로 부족국가였던 부여국에선 부족장들의 합의에 의해 선출된 왕이 큰 한해나 수해가 일어나면 화형을 당했다는 기록이 있다. 신화시대의 이런 권력 현실은 사람들의 무의식을 통해 합리적인 사고가 지배하는 역사시대에까지 유전된 것 같다.

삼국시대 이래 조선조까지 천재가 일어나면 왕은 이를 자기 책임으로 돌려 도살을 금하고, 시장을 닫아 오직 생필품만 거래케 하고, 활쏘기 같은 놀이를 하지 않는 등 자숙의 제스처를 보여줬다. 천재로 인한 민심 이반의 가능성을 제도화된 근신책으로 제어하려 했던 것이다.

태풍의 강도와 진로를 과학적으로 예측하는 게 가능해진 현대에서 천재지변을 집권자의 행태와 연결시키는 발상은 더 이상 발붙일 곳이 없어졌다. 지난여름 프랑스에서 폭염으로 수천 명의 노인이 죽어갈 때에도 그 나라의 대통령은 끄떡없이 장기간 휴가여행을 즐겼다.

노무현 대통령이 태풍 비상경계령이 내려진 시간대에 국악 뮤지컬을 관람했다고 세상이 시끄럽다. 침묵하던 대통령이 유감을 표명했다. 국민은 이제 정서적 반감을 삭였으면 좋겠다.

– 전영기, "분수대 – 수해(水害)", 중앙일보, 2003년 9월 25일자

이 글은 네 개의 논증을 포함하고 있다. 첫 번째 것은 "신화시대의 권력교체 명분은 천재지변이었다."를 결론으로 하고, 모세의 집권과 주몽의 비류국 인수와 부여국에서의 왕에 대한 화형 등을 전제로 하는 것이다. 두 번째 것은 "신화시대의 이런 권력현실은 사람들의 무의식을 통해 합리적인 사고가 지배하는 역사시대에까지 유전된 것 같다."를 결론으로 하고, "삼국시대 이래 조선조까지 천재지변이 일어났을 때 왕들이 보여줬던 자숙의 제스처"를 전제로 한다. 세 번째 것은 "천재지변을 집권자의 행태와 연결시키는 발상은 더 이상 발붙일 곳이 없어졌다."를 결론으로 하고 "지난여름 프랑스에서 폭염으로 수천 명의 노인이 죽어갈 때에도 그 나라의 대통령은 끄떡없이 장기간 휴가여행을 즐겼다."를 전제로 한다. 마지막은 세 번째 논증의 결론을 전제로 하고 "국민은 이제 [태풍 비상경계령이 내려진 시간대에 국악 뮤지컬을 관람한] 노무현 대통령에 대한 정서적 반감을 삭여야 한다."를 결론으로 하는 논증이다.

논증은 글의 핵심적 부분으로, 사물의 알맹이와 비슷하다. 무릇 사물은 껍데기와 알맹이로 구성된다. 글 역시 마찬가지로 논증을 직접 구성하는 부분과 그렇지 않은 부분으로 나뉜다. 껍데기가 알맹이를 포장하고 보호하는 것처럼 연결사, 묘사, 설명 등의 논증 외적인 부분이 논증을 포장하고 장식한다. 같은 물건도 디자인이나 포장에 따라 그 가치가 달라지듯 같은 주장 및 논거를 가진 논술이라도 그 배열에 따라, 논증에 봉사하는 논증 외적 부분에 따라 명문과 졸문으로 갈릴 수 있을 것이다. 그러나 알맹이가 사물의 본질을 이루듯 글의 근간은 논증이다.

예제 2.7

다음 글에서 논증을 추려내어 전제와 결론을 밝혀라.

동물이 자의식적인가? 이제는 약간의 동물이 자의식적이라는 확고한 증거가 있다. 아마도 가장 극적인 증거는 인간의 언어를 사용하여 의사소통을 하는 원숭이에게서 나온 것일 게다. 다른 종족에게 우리의 언어를 가르치고자 했던 오래된 꿈은 미국의 두 과학자 알렌과 가드너에 의해 이루어졌다. 침팬지에게 말하는 것을 가르치고자 했던 예전의 시도가 실패한 것은 침팬지가 언어를 사용하는 데 필요한 지능을 가지고 있기 때문이 아니라, 인간의 말소리를 내는 데 필요한 발성기관을 가지고 있지 않기 때문이라고 그들은 추측했다. 그래서 이들은 어린 침팬지를 성대가 없는 어린아이처럼 대하기로 결정했다. 귀머거리인 사람들에게 쓰이는 언어인 수화법으로 그들은 어린 침팬지와 의사소통을 했으며, 침팬지 안에서는 그들 간의 의사소통도 수화법으로 했다. 이러한 기법은 놀라운 성공을 거두었다. 그들이 '와슈'라고 불렀던 침팬지는 이제 350여 개의 수신호들을 묶어서 간단한 문장을 만들었으며, 150여 개는 정확히 사용하게 되었다. 침팬지들은 수신호들을 묶어서 간단한 문장을 만들었다. 자의식와 관련해서는 거울에 비친 자신의 모습을 보여주면서 "저게 누구냐?"라고 물었을 때 "나, 와슈."라고 즉각적으로 대답했다.

– 피터 싱어, 황경식 · 김성동 옮김, 『실천 윤리학』, 연암서가

풀이 결론: 약간의 동물은 자의식적이다.

전제: 인간의 언어사용법을 습득시킨 원숭이 와슈에 대한 실험에서 원숭이는 거울에 비친 자신의 모습을 보여주며 누구냐고 물었을 때 "나, 와슈."라고 즉각적으로 대답했다.

연습문제

1. 화살표를 사용하여 다음 논증의 전제와 결론의 관계를 표시하라.

1.1 자립형 사립고를 늘려야 한다. 전국 6곳에서 시범운영 중인 자립형 사립고가 다양화, 특성화, 수월성 교육에 효과적이라는 평가가 나왔다. 학교운영의 자율성을 바탕으로 질 높은 수업과 다양한 프로그램을 제공하고, 기초학력부진 학생 지도에 일반교보다 많은 시간을 할애하는 자립형 사립고는 교육의 공공성에도 부합된다.

– "자립형 사립고 늘려야 한다", 동아일보, 2005년 9월 3일자

1.2 비닐봉지는 가볍고 질기며 값이 싸다. 그리고 종이봉지에 비해 생산에 천연자원을 이용하는 비율이 훨씬 낮다. 무엇보다 중요한 점은 비닐봉지는 환경단체들의 주장과는 달리 진정한 일회용품이 아니라는 것이다. 우리가 상점에서 무심코 얻어오는 비

닐봉지를 가정에서 몇 번이고 재사용할 수 있다. 따라서 비닐봉지의 사용은 억제할 수도 없고, 또 억제되어서도 안 된다.

2. 다음 글에서 생략된 전제 또는 숨어 있는 가정을 찾아내어 평가하라.

2.1 이성계가 말한다: 명나라는 크고 고려는 작다. 만약 싸운다면 우리는 반드시 진다. 이것이 내가 회군한 이유이다.

2.2 옛날에 진천과 용인에 추 모(秋某)라는 동명이인(同名異人)이 살고 있었다. 용인의 추 씨가 병에 걸려 죽을 때가 되니 염라대왕이 저승사자를 시켜 그를 잡아오게 하였으나 사자가 실수로 진천의 추 씨를 데려오매 다시 돌려보내려 하였으나 이미 장사를 지낸 후인지라 용인 추 씨를 잡아들이고 그 시체에 진천 추 씨의 영혼을 넣어 환생시켰다.

이렇게 추 모는 죽었다가 살아났는데, 주변 사람은 물론 자신의 과거조차 전혀 기억하지 못했다. 여러 달이 지나고 추 모는 점차 용인생활에 적응해갔으나 고향을 잊지 못하고 자꾸 진천으로 돌아가고자 했다. 용인의 처자가 울면서 말리다가 급기야 그 고을 원을 찾아가 그간의 사정을 고하고 추 모의 거취에 대한 판결을 구하니, 그 명판관은 "목하의 추 모는 진천의 추 씨가 분명하니 진천으로 돌아가 그쪽의 처자를 거느리고 살아라." 하고 명하였다. 이 소식은 머지않아 한양에까지 알려졌는데, 당시 내로라하는 명사들 거의 모두가 그 원의 현명함을 인정했듯이 그의 판결은 명판결 중의 명판결이었다.

2.3 지구상의 모든 핵무기는 폐기되어야 한다. 왜냐하면 핵무기가 인류의 안전과 생존을 위협하기 때문이다.

2.4 내일은 야구 경기가 없을 것이다. 내일 비가 많이 올 테니까.

2.5 그는 미국에서 5년간 유학을 했다. 그러므로 그는 영어로 잘 이야기할 수 있다.

2.6 오늘날 5,000만이 넘는 미국 흡연자들의 기본 자유가 위협받고 있다. 이러저러한 사회적 불이익은 물론이고 흡연의 장소가 법으로 규제되며, 무슨 정신병이라도 되는 양 흡연 습관이 심리학자들의 연구과제가 되기도 한다. 이대로 두었다간 머지않아 시민의 모든 취미생활이 공권력의 제재를 받게 될지도 모른다. 어떤 개인적 행동이 당장 내일이라도 사회적으로 거부당하고, 법적 제지를 받으며, 또한 대중의 조롱감이 될지 누가 알겠는가? 대중교통을 이용하지 않고 자가운전으로 여행하는 것이 안전하지 않다고 하여 사회공학자들의 연구과제에 오르지나 않을까? 아이스크림과 케이크, 과자는 비만을 초래하므로 사회적으로 용인될 수 없게 되지는 않을까? 스카이다이빙, 암벽 타기, 스키 또 격투운동은 어떻게 될까?

3. 다음의 글에서 논증을 추려내어 전제와 결론의 관계를 화살표로 표시하라.

3.1 호주제는 일제강점기 당시 식민지배의 편의를 위해 악용됐고, 우리의 유교사상과 맞아떨어져 지금까지 악법으로 남아 있다. 호주제는 남자만이 호주가 될 수 있게 하는 원칙 때문에 남녀 차별을 가져왔고, 이에 따라 현재 곳곳에서 보이는 남녀 성비의 불균형을 가져온 가장 큰 원인 중 하나로 작용했다. 이것은 헌법에서 가장 중요시하는 '평등의 원리'와 '인간 존엄의 원리'에 맞지 않는 모순이라고밖에 볼 수 없다.

호주제의 폐지가 사회 질서에 악영향을 줄 수 있다며 우려하는 이도 있고, 호주제를 '아름다운 전통'으로 여겨 폐지를 막자고 주장하는 이도 있다. 그러나 인간의 존엄과 평등보다 더 중요한 가치는 없다고 본다. 진정한 사회 질서와 가치관의 정립, 진정한 남녀평등을 위해서라도 호주제는 사라져야 할 것이다.

– 송민주, '여성 대부분에게 고통 준 惡法 없애야',
동아일보, 2003년 3월 11일자

3.2 정의로운 사회에는 강한 공동체의식이 필요하다면, 사회는 시민이 사회 전체를 걱정하고 공동선에 헌신하는 태도를 키울 방법을 찾아야 한다. 그러자면 공적인 삶에서 시민이 드러내는 자세와 기질인 '마음의 습관'에 무관심할 수 없다. 사회는 좋은 삶에 관한 지극히 사적인 견해를 배격하고, 시민의 미덕을 키울 길을 찾아야 한다.

전통적으로는 공립학교가 시민의 교육을 담당했다. 어떤 세대에서는 군대도 그 일에 동참했다. 이때의 교육이란 시민의 미덕을 가르치는 교육이 아니라, 실용적인 교육 그리고 경제적 · 종교적 · 인종적 배경이 다른 청소년들이 같은 사회제도 안에서 교류하며 자연스럽게 익히는 시민 교육을 뜻한다. 이런 상황에서 많은 공립학교가 열악한 상황에 처한다면, 그리고 미국 사회의 극소수만이 군복무를 담당한다면, 미국처럼 거대하고 다양한 민주사회가 정의로운 사회에 필요한 연대와 상호책임의 의식을 어떻게 키울 수 있을지 심각한 문제가 아닐 수 없다. 이 문제는 최근 우리 정치 담론에 다시 등장하기 시작했다. 2008년 대선 운동을 하던 버락 오바마는 2001년에 일어난 9.11사태가 미국인들 사이에서 애국심과 자부심, 그리고 조국에 봉사하려는 마음을 일깨웠다는 사실을 발견했다. 그는 조지 W. 부시 대통령이 미국인들에게서 공동의 희생정신을 일깨우지 않았다고 비난했다. "우리는 군복무에 소집되지 않고 쇼핑하도록 권유받았습니다. 우리는 역사상 최초로 전시에 공동의 책임의식을 요구하지 않고 부자들의 세금을 깎아주었습니다." 오바마는 국가적 봉사를 장려하면서 대학생이 사회 봉사활동 100시간을 하면 수업료를 지원하겠다고 약속했다. 그는 선거기간에 전국을 돌며, "젊은이들 당신은 미국에 투자하고, 미국은 당신에게 투자한다."고 했다. ……

– 마이클 샌델, 이창신 역, 『정의란 무엇인가』, 김영사

3.3 어떤 행위가 옳은 행위인가? 어떤 상황에서든지 그 자체로서 (가장) 좋은 결과를 산출하는 행위가 옳은 행위이다. 그런데 주

어진 상황에서 공공의(사회적) 쾌락(행복)을 극대화하는 행위가 곧 그 자체로서 최선의 결과를 산출하는 행위라고 할 수 있다. 왜냐하면 '공공의 쾌락(행복)'은 선한 동시에 그것만이 그 자체로서 선한 것이기 때문이다; 쾌락만이 모든 이에 있어 엄밀한 의미에서 '이익'이라 할 수 있고, (엄밀한 의미에서의) 공공의 '이익'이 곧 그 자체로서 선한 것이다. 따라서 어떤 상황에서든지 사회적 쾌락을 극대화하는 행위가 옳은 행위이다.

3.4 '자명한' 종합적 명제는 존재하지 않는다. 그리고 만약 자명한 종합적 명제가 존재하지 않는다면 경험과 독립하여 참임을 알 수 있는 종합적 명제는 존재하지 않는다. 어떤 것이 경험과 독립하여 참임을 알 수 있는 종합명제라면 그것은 자명하거나 (다른) 자명한 종합명제로부터 연역적으로 추론해낼 수 있는 명제이기 때문이다. 고로 경험과 독립하여 참임을 알 수 있는 종합적 명제는 존재하지 않는다. 그런데 경험과 독립하여 참임을 알 수 있는 종합적 명제가 바로 선험적 종합명제이다. 따라서 선험적 종합명제는 존재하지 않는다.

3.5 정책상의 변화가 있다면 재정적 통제는 지속되지 않을 것이다. 인플레이션의 위협이 계속된다면 재정적 통제는 지속될 것이다. 고로 정책상의 변화가 있다면 인플레이션의 위협은 계속되지 않을 것이다. 또한 과잉생산이 일어난다면 재화의 부족현상은 발생하지 않는다. 왜냐하면, 만약 과잉 생산이 일어난다면

물가는 오르지 않을 것이고 재화의 부족현상이 발생하면 물가는 오를 것이기 때문이다. 그런데 과잉생산이 일어나거나 정책상의 변화가 일어날 것이다. 그러므로 재화의 부족현상은 발생하지 않거나 인플레이션의 위협이 계속되지 않는다.

– Irving Copi, 『Symbolic Logic』 중
명제논리에 관한 연습문제에서 발췌, 번역 및 재구성

3.6 만약 이 사건에 대한 조사가 계속 진행된다면 새로운 증거들이 나올 것이다. 그리고 새로운 증거들이 나온다면 몇몇 사회 지도층 인사들이 연루될 것이다. 사회 지도층 인사가 연루된다면 언론은 그 사건에 대한 보도를 중지할 것이다. 그렇기 때문에 조사가 계속 진행된다면 언론은 그 사건에 대한 보도를 중지할 것이다. 그런데 만약 이 사건에 대한 조사의 진행이 곧 그 사건 보도의 중지를 의미한다면, 새 증거의 출현은 곧 조사의 진행을 함축한다. 고로 새 증거의 출현은 조사의 진행을 함축한다. 하지만 조사는 진행되지 않을 것이다. 그러므로 새 증거는 출현하지 않을 것이다.

3.7 철학이 보편적 원리들과 역사의 개별 사건들을 연구한 이래로 "시조차도 역사보다 더 철학적이다."라고 아리스토텔레스는 자랑스럽게 선언하였다. 아리스토텔레스의 경우에는 비극적인 시 장르에 의거하여 그렇게 말한 것이다. 아리스토텔레스의 독해에 따르면, 『오레스티아(Oresteia)』에서 『안티고네(Antigone)』에 이르기까지 그리스의 모든 비극(悲劇)은 주인공들의 감정과

내적 갈등을 이해하고, 나아가 가급적이면 설명하려고 한다는 점에서 근본적으로 합리적인 열망을 보여준다. 비극은 인간 존재를 움직이는 일련의 감정들을 합리적이고 보편적으로 이해하려고 시도한다는 점에서 철학과 유사한 길을 가고 있다. 이와 대조적으로 역사는 보편적 원리에 따라 순환하지 않기 때문에 철학적으로 분석하기에는 애매한 대상으로 남아 있다. 나폴레옹은 1812년에 러시아를 정복하기 위해 50만 명의 군인을 파병하였고, 그중에서 47만 명을 죽음으로 몰아넣었는데, 아리스토텔레스의 논증에 따르면 이 사건을 해명할 명백한 보편적 원리는 존재하지 않으며, 따라서 철학은 이 사건에 대해 그다지 할 말이 없다.

– 지오반나 보라도리, 손철성 역, 『테러 시대의 철학』, 문학과 지성사

3.8 정부 수립 후 국군의 날이 제정되기 전 한동안 각 군별로 육군은 10월 2일, 해군은 11월 11일, 공군은 10월 1일, 해병대는 4월 15일이 기념일이었다. 그러나 국군의 날을 단일화해야 한다는 주장이 대두되어 결국 1956년 9월 21일 대한민국 국군으로서 일체감을 조성하여 확고한 국방태세를 다진다는 명분 하에 대통령령 제1173호로 육군 제3사단 23연대 3대대가 강원도 양양에서 38선을 돌파한 10월 1일을 국군의 날로 제정 공포했다.

1940년 9월 17일 한국광복군총사령부 보고서에 나타난 우리나라의 군맥, 즉 군통(軍統)이 일제 침략에 의해 단절되지 않았다는 민족사관의 천명은 주목할 만한 것이다. 뿐만 아니라 광복군은 임시정부의 정규군으로 창군되었고, 민족독립운동사상

우리의 독립의지의 표현이었다.

그런데 8 · 15광복에서부터 1948년 국군 창군에 이르는 시기에 미군정(美軍政)이라는 과도적인 시기가 있어 국군이 광복군의 정통성을 계승 발전시켜나가는 데 우여곡절이 있었으나, 1948년 정부 수립과 함께 국군의 창설을 보게 되었다. 국군의 광복군 계승은 1948년 5월 제헌국회의 '개회사', 7월 제헌국회에서 제정한 '헌법 전문(前文)'에 나타났다. 또 정부 수립 후 이승만 대통령은 공문서에 민국 연호(民國年號) '대한민국 30년' 사용 등을 통해 대한민국이 임정(臨政)의 정통성을 계승했음을 명시하고 있어 민족사적 본질에서 대한민국은 임정의 정통성을 계승한 것이다. 국가의 군대로서 임정의 광복군 정통성은 국군에 당연히 정착되어야 하는 것이다.

따라서 '국군의 날' 역시 현행 10월 1일보다 임정의 광복군 창설일인 1940년 '9월 17일'로 제정 · 시행하는 것이 바람직하다고 생각한다.

– 조항래, "국군의 날", 조선일보, 2005년 10월 4일자

3.9 (…) 구청과 기업, 백화점과 정당 등 그간 인문학과 거리가 '멀었던' 영역에서 인문학에 대한 열기가 점차 고조되고 있다. 그 동기야 각양각색일 테지만, 일단은 자본과 기술만으로는 결코 삶과 존재가 충만할 수 없음을 공감하게 된 것이 아닐까 싶다. 존재는 몸과 마음의 결합으로 이루어져 있고, 따라서 정신과 물질, 무형과 유형이 '오버랩'되는 만큼만 삶을 누릴 수 있다. 다시 말하면 아무리 물질이 풍요롭다 한들 그것이 존재의 절반 이상

을 포괄할 수는 없다. 모든 이들의 꿈이 정규직이 된 시대이지만 정작 정규직들은 속이 헛헛하다. 그 헛헛함은 결코 돈이 채워줄 수 없다. 그리고 삶에서 가장 끔찍한 건 가난한 것도, 아픈 것도 아닌 '반복'이다. 화려한 스펙터클도, 빛나는 성공도 일정한 시간이 지나면 다 '그게 그거'다. 이때 찾아오는 공허함을 보상해줄 수 있는 유형의 가치는 없다. 자본과 기술의 한복판에서 인문학을 찾는 이유가 여기에 있으리라. (A) 생각이 여기에 미치자 문득 연예계야말로 인문학이 가장 필요한 영역이 아닐까 하는 느낌이 들었다. 연예계야말로 자본과 기술의 절정이자 꽃에 해당하기 때문이다. 보다시피 (B) 연예인들이 대중에게 미치는 영향력은 거의 가공할 만한 수준이다. 이제 대중은 연예인들을 통해 세상을 보고 감정교육을 받고 인생의 비전을 탐구한다. 특히 10대들의 롤 모델은 연예인이 거의 전부다. 스타가 되고 싶거나 아니면 그냥 아무런 '생의 의지'가 없을 정도다. 어떤 정치인도 이런 영향력을 행사하기란 불가능하다. 그런 점에서 연예인은 그 자체로 이미 '사회지도층'이다. 그렇다면 마땅히 이런 위상에 걸맞은 '정신의 근육'을 키워야 하지 않을까.

또 하나, 연예계에 입문한다는 건 욕망의 소용돌이 속으로 들어간다는 뜻이다. (C) 대중문화의 세계는 명분이나 이념이 아닌 오직 인정욕망이 범람하는 곳이다. 그런데 결론부터 말하면 인간욕망은 인간이 겪는 모든 불행의 원천이다. 왜냐하면 타인의 욕망에 주파수를 맞춘 것이기에 그것을 얻든, 언지 못하든 자신의 욕망과 의지는 엄청난 소외를 감수해야 하기 때문이다.

그 소외로부터 결핍과 상처가 탄생한다. 연예인들도 처음엔 춤과 노래, 연기를 그 자체로 즐기고 좋아했을 것이다. 하지만 연예계에 발을 들여놓는 순간 이 '자발적 불꽃'은 꺼져버린다. 그리고 그 순간 이제 노래와 춤, 연기는 다 '노동'으로 전화된다.

나 같은 평범한 팬의 입장에서 보자면 연예인보다 힘든 직업도 없어 보인다. 드라마를 찍으려면 겨울엔 여름을, 여름엔 겨울을 연출해야 한다. 밤을 새우는 건 다반사이고 철인5종 경기에 버금가는 고난도의 동작을 반복해야 한다. 특히 댄스가수들의 경우, 그토록 과격한 춤을 추면서 노래를 부르다니 의학적으로 보자면 근육과 관절에는 치명적이다. 더 무서운 건 그렇게 강도 높은 노동을 감내해도 대중의 욕망은 어디로 '튈지' 모른다는 것이다. 엄청난 관심이 파도처럼 밀려왔다 썰물처럼 빠져나간다. 열광적 환호가 순식간에 증오의 돌팔매로 바뀐다. 하지만 이건 지극히 당연하다. 인간이 즐기는 모든 쾌락에는 커다란 슬픔이 도사리고 있다. 그래서 이 슬픔과 마주하지 않으려면 끊임없이 새로운 쾌락을 추구할 수밖에 없다. 그래서 대중 역시 자신도 모르게 욕망의 '파도타기'를 하는 것이다. 그러니 이걸 대책 없이 따라가다가는 결국 인정욕망에 의해 삶 전체가 잠식될 수밖에 없다. (…)

– 고미숙, 『공부의 달인 호모 쿵푸스』, 북드라망

3장

샘플논법과 사례논법

연역논법을 그 형식에 따라 전건긍정논법, 후건부정논법, 귀류논법, 선언삼단논법, 가언삼단논법, 양도논법 등으로 부른다면, 귀납논법은 결론(주장)을 뒷받침하는 전제(근거)의 종류에 따라 그것이 샘플이면 샘플논법으로,[1] 실제 사례이면 사례논법으로, 통계자료이면 통계논법으로, 그리고 유사한 현상이나 사물이면 유비논법으로 각각 부를 수 있을 것이다.

1 샘플논법에 의한 논증은 연역적일 수도 있고, 귀납적일 수도 있다.

1 샘플논법

화장품을 사다 보면 무료로 샘플 화장품을 챙겨준다. 한번 써보고 마음에 들면 돈을 내고 본 제품을 사서 쓰라는 뜻이다. 샘플 화장품이 본 화장품을 대표하므로 고객이 샘플 화장품에서 경험한 것을 그대로 고스란히 본 화장품에서도 경험할 수 있다는 생각인데, 이런 생각을 바탕으로 구성된 논법이 샘플논법이다. 예를 들어, 어느 대학의 학보사 기자가 1교시 수업 시작 시각을 오전 10시로 조정할 것을 주장하는, 학교에서 멀리 떨어진 곳에서 통학하는 한 학생을 인터뷰하고 "학우들이 바라기 때문에 수업시작 시각을 1시간 늦춰야 한다."는 취지의 글을 학교신문에 실었다면 그는 샘플논법을 구사한 것이다.

샘플을 사용하여 논증할 경우 논자는 독자들에게 그 샘플이

어떻게 선정되었는지 밝혀서 그것의 대표성을 확인시켜주는 것이 일반적이다. 만약 그런 정보가 제공되어 있지 않다면, 독자 스스로 샘플을 잘 살펴서 대표성을 확인해야 한다. 위에서 기자는 어떤 방식으로 인터뷰 대상자를 선정했는지 밝히지 않았다. 그 학생은 집이 유난히 먼데도 불구하고 기숙사나 학교 근처의 세집에 살지 않는 특별한 학생으로서 전체 학생을 대표한다고 보기 어렵다. 그러므로 독자는 그것을 근거로 그 기자의 샘플논증의 타당성에 의문을 제기할 수 있다.

예제 3.1

"삼각형의 내각의 합은 180도이다."라는 명제에 대한 다음과 같은 논증을 평가하라.

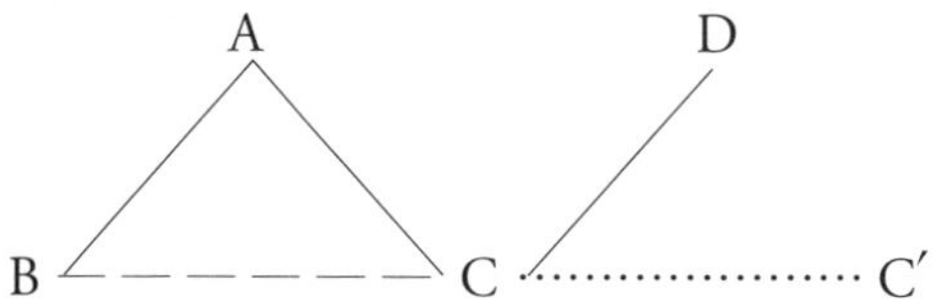

임의의 삼각형 ABC를 취하여, BC를 연장하여 BC′을 긋고, C에서 AB에 평행한 직선 CD를 그으면, 각 BAC와 각 DCA는 엇각으로 서로 같고, 각 ABC와 각 DCC′은 동위각으로 서로 같다. 이제 삼각형 ABC의 내각의 합은 각 BCA와 DCA와 DCC′의 합과 같은데, 그 합은 180도이다. 그러므로 (모든) 삼각형의 내각의 합은 180도이다.

풀이 이 논증은 삼각형 ABC를 샘플로 하는 샘플논증인데, 임의의 삼각형 ABC는 모든 삼각형을 대표하고, 따라서 그 삼각형에서 성립하는 것은 어떤 것이든 모든 삼각형에서 성립하므로 이 논증은 올바르다.

2 사례논법

사례논법은 역사적 사건들을 비롯한 실제 사례를 들어 결론을 뒷받침하는 전제로 제시하는 논증인데, 1장에서 소개한 '수해'에 맨 처음 등장하는 논증은 그 전형적인 예이다. 거기서 논자는 신화시대의 권력교체 명분은 천재지변이라고 주장하고, 모세가 열 가지 하늘의 재앙을 일으켜 이스라엘에 대한 파라오의 지배권력을 빼앗은 일, 주몽이 비류국에 대홍수를 일으켜 송양으로부터 나라를 이양받은 일, 그리고 부여국에서 큰 한해나 수해가 일어나면 왕이 화형을 당한 일 등의 역사적 사실을 그 근거로 열거하고 있다.[2]

---

2 제1장, 2절 4항 참조.

결론을 지지하는 사례의 수가 많을수록 논증의 설득력이 커질 것이므로 그 수는 가급적 많은 것이 좋겠으나, 다른 한편으로 전체적인 균형 역시 고려해야 할 것이다. 또 비록 열거된 사례의 수가 많더라도 선정된 영역이 고르지 않고 어느 한 쪽으로 몰려 있으면 논증의 설득력이 그만큼 약해질 것이므로 가급적 여러 영역에서 사례를 택하는 것이 좋다. 위의 논증에서 보더라도 논자는 사례를 고구려나 부여 같은 우리 옛 조상들의 나라로만 한정하지 않고, 이집트 또는 이스라엘 같은 외국의 경우도 포함시킴으로써 결론의 보편성을 확보한다.

예제 3.2

다음은 어느 일간 신문의 사설이다. 이 글에서 사례논증을 찾아내고 전제와 결론을 말하라.

지하철, 과연 안심하고 탈 수 있겠는가. 출근길 서울 지하철이 사흘거리로 멈춰서는 사고가 나더니 부산에선 한밤중에 지하철 역사 배전반에서 불이 나 승객이 대피하는 소동을 벌였다. 대구지하철 방화 참사의 악몽이 생생한데 이처럼 잦은 사고가 또 다른 참화로 이어지지 않을지 시민은 불안하기만 하다.

최근의 서울지하철 운행 중단사고는 보통 일어날 수 있는 고장으로 보기엔 상황이 심각하다. 전동차에 전원 공급이 끊겨 발생한 지난달 28일 2호선 봉천역 부근 사고는 사령실과의 통신까지 두절돼 하마터면 큰 사고로 이어질 뻔했다. 앞차의 운행 중단에 따른 상황을 통보받지 못한 후속 열차가 사고 차량을 2백 m 앞두고서야 멈췄다. 40분 동안이나 터널에 갇힌 승객이 느꼈을 공포감은 짐작할 만하다. 전력 공급이 중단되더라도 무선 교신장비로 사령실과 연락이 돼야 하는데 비상 배터리까지 방전돼 손을 쓰지 못했다니 한심하다. 컴퓨터 오작동으로 비상 제어장치가 작동하는 바람에 일어난 어제 아침 5호선 개화산역 부근 전동차 운행 중단사고도 이해할 수 없기는 마찬가지다.

어떤 사고든지 사전에 징후를 보이게 마련이다. 전력 공급이 중단됐던 전동차는 출발 때부터 실내등이 반쯤 꺼져 어두운 상태에서 운행했다. 평소 차량 정비에 구멍이 뚫려 있었을 뿐만 아니라, 안전에 대한 승무원들의 감각이 무뎌져 있었다는 것을 말해준다. 전동차의 컴퓨터 오작동으로 출입문이 열리지 않거나 승강장의 정차 위치를 벗어나는 사례가 과거에도 수차례 있었다고 한다. 자칫 큰 사고로 이어질 수 있는 이런 컴퓨터 오류가 아직까지 왜 방치되고 있는지 답답하다.

지하철은 수도권에서 하루 6백만 명이 이용하는 시민의 발이다. 대구사건으로 시민의 신경이 곤두서 있는 이때, 주의를 더 기울여야 하는데도 왜 잦은 사고가 나는가? 비용을 아낀다고 안전을 뒷전에 두는 일은 없는지, 차량정비는 제대로 되는지, 근무자들의 안전의식은 투철한지, 서울시는 시민의 불안을 해소키 위한 가시적인 대책을 내놓아야 한다.

– "잦은 지하철사고, 시민 불안하다", 중앙일보, 2003년 3월 4일자

풀이 결론: 최근의 서울지하철 운행 중단사고는 보통 일어날 수 있는 고장으로 보기엔 상황이 심각하다.

전제 1: 전동차에 전원 공급이 끊겨 발생한 지난달 28일 2호선 봉천역 부근 사고는 전력 공급이 중단되더라도 무선 교신장비로 사령실과 연락이 돼야 하는데 비상 배터리까지 방전돼 손을 쓰지 못했다는 점에서 한심하다.

전제 2: 컴퓨터 오작동으로 비상 제어장치가 작동하는 바람에 일어난 어제 아침 5호선 개화산역 부근 전동차 운행 중단사고 역시 이해할 수 없다.

연습문제

1. 다음 글 속의 논증을 분석하고 평가하라.

1.1 독재자들의 일가는 한결같이 부패했고 탐욕스러웠다. 1986년 필리핀의 독재자 마르코스 대통령 부부는 피플 파워에 놀라 미국 하와이로 허겁지겁 도망간다. 국민이 말라카냥 궁에 들어갔을 때 대통령 부인 이멜다의 구두 3,000여 켤레가 이들을 맞았다. 구두 컬렉션에 대한 이멜다의 답변이 걸작이다. "구두를 모으는 것은 인간의 본능이다." 나중에 마리키나 시에 구두박물관을 연 그녀는 "구두를 신을 때마다 남편이 아직 대통령이라는 느낌을 받는다."는 의미심장한 말을 했다. 1인당 국민소득이 300달러에 불과한 아프리카 빈국(貧國) 짐바브웨를 30년 동안 철권통치하는 로버트 무가베 대통령의 부인 그레이스는 홍콩과 중국 등에 수억 달러 상당의 부동산을 갖고 있다. 남편보다 45세 연하인 그녀는 지난해 기드온 코노 짐바브웨 중앙은행 총재

와 불륜이 탄로나 곤욕을 치렀다. 싱가포르에서 10만 홍콩달러짜리 핸드백을 사는 모습이 목격된 쇼핑광이다. 루마니아를 철권 통치했던 니콜라에 차우셰스쿠와 함께 1989년 총살된 부인 엘레나 차우셰스쿠의 방에는 모피와 보석이 가득했다. 23년 동안 집권했던 진 엘아비딘 벤 알리 튀니지 대통령이 황급히 도주한 뒤 대통령궁에서는 약 2kg의 마약과 2,700만 달러(약 290억 원) 상당의 현금이 발견됐다. 22세 연하의 두 번째 부인 레일라는 미용사 출신으로 호화 사치생활에다 온갖 부정부패에 개입하며 남편을 주물렀다. 부자(父子) 세습 정권으로 반정부시위대를 학살하고 있는 시리아 바샤르 알아사드 대통령의 부인 아스마는 빼어난 외모와 화려한 패션으로 패션 잡지 「보그」에 실렸다. 트리폴리에 있는 무아마르 카다피 리비아 국가원수의 딸 아이샤의 집에서 발견된 인어 모양의 황금색 소파도 화제다. 청록색 바다, 흰색 건물, 눈부신 햇살이 조화를 이루고 있는 트리폴리의 별명이 '지중해의 인어'다. 리비아 반군의 트리폴리 진입작전의 이름도 '인어의 새벽'이었다. 인어의 얼굴 부분은 아이샤의 얼굴을 모델로 해서 만들었다고 한다. 무소불위 권력자의 딸은 인어상 소파에 앉아 나르시시즘에 빠져들었던 모양이다. (…)

– 정성희, "독재자패밀리의 사생활", 동아일보, 2011년 8월 27일자

1.2 경제적으로 지금보다 넉넉하지 못하던 시절 열악한 환경에서 군대생활을 했던 50~60대 이상의 기성세대들은 상대적으로 풍족한 환경에서 성장한 신세대 젊은이들의 인내심, 책임감, 희생정신 등에 대해 부정적으로 평가해왔다. 참을성이 부족하고 나

약하며 이기적인 사고방식의 신세대 장병들은 기합이 빠져서 자신들처럼 군대생활을 잘하지 못할 것이라고 생각하는 것 같다. 그러나 이번에 모 사단에서 모범사병으로 선발되어 사단장 표창까지 받은 김 상병을 보면, 기성세대들의 이러한 평가는 상당히 잘못되었음을 알 수 있다. 그는 전투훈련, 내무반생활, 명령수행 등 군생활 전반에서 과거 세대의 그 어떤 군인 못지않은 탁월성을 보여주고 있다.

1.3 몇 년 전 미국의 한 경매장에서 조지 워싱턴의 적갈색 머리다발이 경매됐다. 워싱턴이 독립운동의 리더십을 결집시켰던 동적 헤어스타일을 대통령이 되면서 신뢰를 결집시키는 정적 이미지로 바꾸고자 잘라낸 머리로, 그의 아내가 여성계의 자선기금으로 550달러에 기부한 것이다. 링컨 이미지라 하여 복판이 솟구친 헤어스타일을 만드는데, 레이건 대통령이 이 링컨 이미지로 호감을 샀던 것은 알려진 이야기다. 케네디가 인기를 폭발시킨 데는 그의 차양 머리가 일조했다. 멀리 내다볼 때 손을 들어 볕을 가리듯 그 헤어스타일이 미래를 내다보는 비전 있는 정치가로 이미지를 굳힌 때문이다. 이처럼 정치가는 이미지 창출이나 이미지 전환을 위해 헤어스타일을 바꾼다.

– 이규태, "정치인과 헤어스타일", 동아일보, 2005년 3월 14일자

1.4 손 선생이 이웃집에 사는 이 선생에게 자신이 타고 다니는 브랜드 X 자동차의 강판과 이 선생이 타고 다니는 브랜드 Y 자동차 강판을 번갈아 두드려 보이며, 두드릴 때 들리는 소리의 차이가

자동차 충돌 테스트 결과에서 나타난 두 브랜드 간의 안전성의 차이를 말해준다고 주장한다.

1.5 '을야지람(乙夜之覽)'이란 말이 있는데, 제왕의 독서란 뜻이다. 밤 9시부터 11시까지를 뜻하는데, 이 시간에야 제왕은 독서할 짬을 낼 수 있다는 뜻에서 나온 말이다. 세종과 성종이 독서광(讀書狂)이었던 것은 잘 알려져 있고, 영조 역시 방대한 독서를 통해 폭넓은 지식을 지녔던 지혜로운 국왕으로 유명하다. 정조 또한 "아무리 밤이 깊어도 반드시 촛불을 켜고 책을 읽은 후 잠을 자야 비로소 편안하다."라는 말을 남겼다. 이렇듯 성공한 국왕은 모두 지식경영과 독서경영을 했다.

– 이덕일, "제왕의 독서", 조선일보, 2008년 7월 27일자

4장

통계논법

1 통계: 양적 증거

논증에서 논거로 이용되는 통계는 양적 증거이다. 그러므로 통계논증에서 통계의 크기는 그것이 그래프로 표현되든 수치로 표현되든 기본적으로 다다익선(多多益善)이다. 누구나 80퍼센트가 60퍼센트보다 더 많기 때문에 일반적으로 80퍼센트의 경험적 지지를 받는 주장이 60퍼센트의 경험적 지지를 받는 주장보다 참일 가능성이 더 크다고 생각한다. 그러므로 예를 들어, 일정 기간 일정 양의 담배를 피운 일정 수의 사람의 80퍼센트가 폐암에 걸렸다는 통계는 같은 기간 같은 양의 담배를 피운 같은 수의 사람의 60퍼센트가 폐암에 걸렸다는 통계보다 흡연이 폐암을 유발한다는 주장을 더 강하게 뒷받침하는 것은 당연하다.

2 통계의 오용 및 조작

통계에 대한 불신의 주된 원인은 의도적이든 아니든 그것이 오용되기 쉽다는 것과 그것의 산출과정이 올바르다고 확신하기 어렵다는 데 있다. 오늘날 통계적 정보는 거의 모든 분과에서 필요하며, 우리 생활의 수많은 결정이 통계적 형태의 양적 자료에 근거하여 이루어진다. 그러나 통계의 출처를 감추는 것은 말할 것도 없고, 통계를 오용하거나 심지어 고의로 조작하는 경우도 비일비재하다. 타 대학 출신 교수 비율 부풀리기가 그 한 예이다. 자기 대학 교수를 우선 채용하는 것은 학문의 근친상간으로서 학문의 다양성을 배격하여 결국 학문의 발전을 저해한다. 그럼에도 우리나라 대학교의 자기 대학 출신 교수 비율은 소위 일류대학일수록 선진국의 명문대학교보다 월등히 높다. 자기 대학 출신 교수 비율이 유난히 높다는 비난을 꾸준히 받아오는 국내 모 일류대학의 총장이 공개 석상에서 타교 출신 교수의 신규채용을 확대하고 있다고 주장하면서 최근 몇 년간 그 대학교에서 신규로 채용된 다른 학교 출신 교수 비율이 적시된 통계 자료를 제시하였다. 그 자료에 따르면, 그 대학의 타 대학 출신 교수 비율은 해마다 높아지고 있었다. 그러나 알고 보니 그 비율은 그 대학교의 타 단과대학 출신들을 포함하여 산출한 수치였고, 그 사람들을 제외하고 순수 타교 출신들만으로 계산하면 타교 출신 교수 비율은 오히려 해마다 감소하고 있는 것으로 나타났다.

예제 4.1

다음의 통계논증을 분석 · 비판하라.

한국은행은 얼마 전 제2분기(4~6월) GDP(국내총생산) 통계를 발표하면서 "민간소비가 전년 같은 기간 대비 2.7% 증가했다."며 "내수(內需) 쪽 증가세가 예상보다 활발히 확대되고 있다."고 밝혔다. 통계상 민간소비가 지난해 같은 기간에 비해 2.7%나 증가했으니 작년 마이너스로 곤두박질쳤던 내수 경기가 큰 폭으로 회복되었다는 것이다.

풀이 민간소비 금액은 국내소비 금액과 해외소비 금액의 합이다. 지난 2분기 중 가계의 해외소비 지출액(3조 1,818억 원)은 작년 2분기보다 30% 가까이 늘어난 반면, 국내소비 지출액(82조 6,745억 원)은 1.5% 증가하는 데 그쳤다. 그러니까 지난 2분기 중 민간소비 증가는 주로 해외에서의 지출액이 급증한 데 따른 것이었고, 국내에서의 지출액은 거의 제자리걸음이었다. 그럼에도 불구하고 한국은행은 의도적으로 국내소비와 해외소비를 구별하지 않음으로써 마치 국내소비가 살아나는 것 같은 착각을 일으키게 한다.

3 통계와 해석

통계 작성 과정의 정당성이 인정되고 산출된 통계수치에 모두 동의한다 하더라도 그것에 대한 해석에 대해서는 얼마든지 이견이 있을 수 있다. 다음의 예는 통계가 얼마나 아전인수식으로 해석될 수 있는지를 잘 보여준다. 서로 맞수를 자처하며 오랜 기간 경쟁해온 A 대학교와 B 대학교의 라이벌 의식은 사소한 일에서조차 상대에게 뒤처지는 것을 용납하지 않는다. 어느 날 A 대학교 교무처장이 A교가 B교보다 학생들의 전과율이 낮은 것을 근거로, A교의 각 학과 교수들이 B교의 교수들보다 잘 가르치기 때문에 학생들의 학과에 대한 만족도가 높으며, 따라서 전과율이 낮다고 주장했다. 그러자 B 대학교 교무처장은 지적 호기심이 강하고 자기 계발의 욕구가 큰 학생일수록 자신에게 적합한 분야를 적극적으로 탐색하는 법인데, B교 학생들의 전과율이 높다는 것은 그들이 그만큼 더 우수하다는 증거라고 맞받아쳤다.

예제 4.2

일본의 신용등급이 하락한 원인을 '진보적으로' 해석하고 다음의 논증을 비판하라.

세계적 권위를 자랑하는 신용평가회사인 스탠더드앤푸어스는(S&P)는 지난달 27일 일본의 국가신용등급을 종전의 AA에서 'AA-'로 한 단계 낮췄다. 이에 일부 보수적인 인사들은 일본의 신용등급 강등이 복지정책 때문이라고 판단하고, 국내에서 최근 일어나고 있는 무상급식 등 복지 강화 정책은 국가 경제를 어렵게 할 것이라고 주장했다.

풀이 일본은 국채 발행을 통해 만성적 재정적자를 메워왔기 때문에 국가부채가 크게 누적되었고, 이러한 재정적자와 국가부채가 일본 신용등급 하락의 1차적 이유이다. 그리고 이러한 문제의 배후에는 저출산, 고령화 등으로 인한 노동력 감소라는 일본 경제의 고질병이 있다. 노동력 부족을 메워줄 대체인력은 여성, 노인, 외국인 등인데, 일본의 열악한 복지와 보수적 문화 탓에 어느 것 하나 여의치 않다. 이렇게 볼 때, 일본 신용등급 하락의 궁극적인 원인은 열악한 복지이다. 저출산, 고령화 등의 문제에 있어서 우리나라도 일본과 유사한데 복지는 일본보다 더 열악하다. 일본의 전철을 피하려면 지금이라도 열악한 복지를 개선해서 저출산 및 고령화를 막아야 한다.

4 통계논증의 평가

지금까지 살펴본 것처럼 통계는 의도적이든 아니든 쉽게 조작될 수 있으므로 통계논증의 결론은 통계 증거를 조심스럽게 관찰하고 여러 가지를 신중하게 고려한 후에 받아들여야 한다. 통계의 증거 능력과 관련해서 따져봐야 할 것들은 대체로 이런 것들이다. 첫째, 통계의 출처에 관한 것이다. 출처가 제대로 설명되어 있지 않은 통계는 의심을 받아 마땅하며, 공평무사하지 못한 출처 역시 통계에 대한 신뢰를 약화시킬 수 있다. 예컨대 폐암과 흡연이 무관하다는 통계자료의 출처가 담배제조회사라면 그 자료에 대한 신뢰가 떨어지는 것은 당연하다. 두 번째로 고려해야 할 것은 통계 작성을 위한 표본의 수가 충분하며 그것을 추출한 영역이 편향되어 특정한 곳에 몰려 있지 않고 고르게 분포되어 있는가 하는 것이다.

만약 그렇지 않다면 그 통계의 증거 능력은 약해질 것이다. 세 번째로 생각할 것은 통계 증거가 결론과 관련을 가질 만큼 충분히 최근의 것인가, 그리고 관련이 있을 만한 요인들을 얼마나 많이 확인하고 측정했는가 하는 것이다. 세월은 흐르고 사정은 바뀌는 것이어서 과거의 통계는 더 이상 들어맞지 않을 것이고, 따라서 증거 능력이 없을 수밖에 없다. 마지막으로 생각해봐야 할 것은 통계에 대한 해석 가능성이다. 똑같은 통계자료라고 하더라도 그것에 대한 해석은 다양할 수 있다. 예를 들어, 어느 여당 후보에 대한 지지율 상승은 국민의 그 후보에 대한 지속적인 신뢰의 표현으로 해석되어 대세론의 증거가 되기도 하지만, 야권 후보 난립 상에 실망한 국민의 일시적인 반발로 해석되어 거품론 속으로 휩쓸려 들어가기도 한다.

연습문제

1. 다음 글 속의 논증을 분석하고 평가하라.

1.1 대다수 일본 국민은 최근 발생한 동일본대지진 같은 거대 지진이 다시 발생할 가능성에 대해 크게 우려하고 있다. 10일 요미우리신문에 따르면 동일본대지진 발생 6개월을 맞아 전국 여론조사를 실시한 결과, 78%가 현재 거주하고 있는 지역에서 대지진이 발생할지 모른다는 불안감을 느낀다고 응답했다. 또 응답자의 68%는 후쿠시마(福島) 제1원자력발전소 사고로 유출된 방사성 물질이 자신과 가족의 건강에 미칠 악영향을 우려했다. 재난 대처 활동과 관련해서는 자위대를 신뢰한다는 응답이 82%로 가장 높았고 자원봉사자(73%), 소방서(52%), 재난지역의 지방자치단체(42%), 경찰(42%) 등의 순이었다. 정부(6%)와 국회(3%)의 신뢰도는 바닥이었다. 대지진과 후쿠시마 원전사고 이후 일본의 국제적 영향력과 위상에 대해서는 '약화될 것이

다'라는 응답이 43%로, '변하지 않을 것이다'(38%)라는 응답보다 많았다.

1.2 월수입 700만 원의 전 과장은 회식 후 동료들에게 자신은 술값을 낼 여유가 없음을 이렇게 논증한다. 자신과 아내, 아들, 딸 4인 가족의 한 달 생활비 300만 원; 매달 이자 상환비용 100만 원; 고등학교에 다니는 두 자녀의 한 달 교육비 200만 원; 세금을 비롯한 각종 공과금 50만 원; 주말마다 거르지 않는 한 달 외식비용 50만 원. 한 달 지출비가 총 700만 원으로 월수입과 정확하게 일치하는데, 술값 낼 여력이 어디에 있겠나?

1.3 중학교에 다니는 A군과 B군의 장래성을 측정하는 테스트에서 각각 80점과 60점을 받았는데, 이것은 장차 A군이 B군보다 성공할 가능성이 크다는 것을 의미한다. 그들이 받은 테스트는 부모, 교사, 선배 등의 지도를 얼마나 잘 따르는가(20점), 학교 공부를 얼마나 열심히 잘하는가(20점), 자신에게 맡겨진 책임을 얼마나 성실히 수행하는가(20점), 규율을 얼마나 잘 지키고 정직한가(20점), 목표한 일을 반드시 이루고 말겠다는 의지력이나 성취동기(20점)의 5개 항목으로 구성되었다.

1.4 귀납논증이란 제한된 수의 관찰사례를 전제로 하여 보편적 결론을 주장하는 것이므로 그 전제들이 모두 참이라 하더라도 결론은 참일 가능성만 있을 뿐 필연적으로 참이라고 할 수는 없

다. 그러나 참인 관찰사례들이 많으면 많을수록 그 결론이 참일 확률은 그만큼 더 높아진다. 예를 들어, 100마리의 검은 까마귀를 관찰하고 그것을 근거로 "모든 까마귀는 검다."는 주장을 하는 경우와 110마리의 검은 까마귀를 관찰하고 그것을 근거로 같은 주장을 하는 경우를 비교하면, 전자의 경우보다 후자의 경우가 그 결론이 참일 확률이 높을 것이다.

1.5 미국에서 아시아계 미국인들은 '소수민족의 모범'으로 간주된다. 언론은 연일 아시아계 상점 주인들이 도처에서 활약하며 운영실적도 탁월하다는 찬사를 쏟아낸다. 아시아계 미국인들의 성공은 그들과 백인들의 연 수입을 비교하는 통계수치만 보더라도 잘 알 수 있다. 이미 1980년대에 캘리포니아 주 거주 일본계 미국인들은 백인 평균 소득에 해당하는 연 수입을 올렸다. 가구당 소득 비교 통계를 보면, 아시아계 미국인의 우수성은 더욱 뚜렷해진다. 백인 가구보다 가구당 소득이 더 높은 아시아계 가구가 점점 더 많아지고 있다. 비교적 이민의 역사가 짧은 아시아계가 높은 언어장벽에도 불구하고 이러한 성공 신화를 써나가는 반면, 그들보다 이민의 역사도 길고 언어적 장벽도 없는 흑인계는 여전히 사회적으로 낮은 계층에서 허덕인다는 사실은 흑인계에 대한 아시아계의 우수성을 잘 보여준다.

1.6 2006년의 검찰청 범죄 분석 자료를 토대로 작성된 아래의 백분율 표를 보면 알겠지만, 성범죄 재범률이 다른 범죄에 비해 낮

기 때문에 이중처벌 논란을 빚고 있는 전자발찌제도를 구태여 도입할 필요는 없다.

범죄	재범률
절도	44.6%
폭력	43.2%
강도	28.4%
강간	14.3%
살인	11.7%

5장

유비논법

1 유비

2 유비논증과 그 구조

3 유비논증의 논증력

1 유비

유비는 일종의 비교이다. 유비는 상이한 것들이 몇 가지 점에서 유사함을 보여주는 확장된 비교이다. 그러나 유비는 서로 다른 것들 사이의 비교이다. 한 사람의 인생을 다른 사람의 인생과 비교하고, 손기정의 베를린올림픽 마라톤을 황영조의 몬주익 마라톤과 비교하는 것은 유비가 아니지만, 인생을 마라톤과 비교하는 것은 유비이다. 이런 유비는 설명도 하고 묘사도 하며 논증까지 할 수 있다. 마라톤 구경은 해봤지만 인생을 안다고 하기에는 연륜이 모자란 어느 젊은이에게 "인생길은 마라톤 코스처럼 길고 굴곡지며 달려가기 힘들다."고 말해주면, 그것은 아직 인생길을 완주해보지 못한 그 젊은이에게 인생을 묘사하는 것이 되고 설명하는 것이 된다. 또, 초년의 실패로 좌절하는 젊은이에게 "인생은 마라톤과 같아서 초반에 뒤처져가던 마라토너가 후반에 앞지르는 것 같은 역전극이 반드시 일어난다."고 주장하며 용기를 잃지 말도록 설득했다면, 그것은 유비를 이용하여 논증을 한 것이다.

예제 5.1

다음은 같은 서당에 다니는 동네 형이 여덟 살에 장가든 꼬마신랑 갑돌이에게 해준 말이다. 이 글의 종류를 말하라.

갑돌아, 마누라는 서당에서 배우는 책 같은 거란다. 만약 네가 그것을 너무 자세히 뜯어본다면 너는 졸릴 것이고 사람들과도 잘 어울리지 못할 것이나, 만약 그것을 분별 있게만 사용한다면 그것의 덕택으로 사람들과 보다 더 적절한 대화를 나누게 될 것이다.

풀이　(유비를 이용한) 설명

2 유비논증과 그 구조

1967년에 실시된 우리나라 제6대 대통령선거 때 이야기이다. 2년간의 군정을 끝내고 민정으로 권력을 이양한 후에도 4년간 집권한 박정희 대통령이 재선에 도전하는 선거였다. 매스컴이 크게 발달하지 못했던 당시로는 선거철 골목마다 빼곡히 붙은 벽보는 훌륭한 유세 공간이었다. 당시 박정희 후보의 벽보에는 그의 사진과 함께 "강을 건널 때는 말을 바꿔 타지 않는다."는 문구가 적혀 있었다. 제6대 대통령 선거 당시 우리나라의 정치 · 경제적 사정은 말을 타고 강을 건너는 것과 비슷했다. 북한의 남침 위협 때문에 정치는 불안하였고, 경제 사정은 국민이 끼니를 걱정할 정도로 어려웠다. 당시 유행했던 구호처럼 "한 손에 망치 들고 건설하면서, 한 손에 총칼 들고 나가 싸워야" 하는 힘든 사정은 말을 타고 강을 건너야 하는 어려운 사정과 다르지 않다. 그런데 장수는 말을 타고 강을 건너야 하는 어려운 사정을 당하여 지금까지 타고 온 말을 바꾸지 않는다. 그러니 이와 비슷한 상황에 처한 우리는 대통령을 바꾸면 안 된다는 것이다.

강 한복판에서 말을 갈아타지 말라는 위의 벽보가 전하려는 메시지는 사실상 기마도강(騎馬渡江)이 아닌 대통령 선출에 관한 주장이다. 실제로 논증하고 싶은 문제(대통령 선출)와 그와 유사한 문제(기마도강)를 나란히 놓고 그 두 문제 사이의 유사성을 근거로 유사 문제(기마도강)에서 참인 것(환승불가)은 실제로 논증되는 문제에서도 참이라고 말하는 것이다. 이처럼 유비논증은 실제로 주장되는 쪽의 사물(또는 문제)과 그것과 유사한 사물을 차례로 소개하고 독자들에게 양자가 서로 유사하다는 점을 설득한 다음 그 유사성에 근거하여 후자에서 발생한 어떤 일이 전자에서도 발생해야 한다고 주장하는 구조로 되어 있다. 이광수의 다음 글은 이러한 구조를 잘 보여준다.

> 병자호란에 서울 사대부집 처녀(妻女)들만 해도 수백 명이 호병(胡兵)의 포로가 되어서 심양으로 갔었다. 어떻게나 절치할 일이었던고. 통곡할 일이었던고. 화친이 성립되매 그들은 본국으로 송환되었으나, 이에 문제되는 것은 그들의 정조가 온전한가, 아니한가이었다. 그래서 남편은 아내를 의심하고, 처녀들은 혼인길이 막혔다. 수년 적진 중에 유부녀

나 처녀가 몸이 성했으리라고 상상키가 어려운 것이었다.

이에 인조 대왕은 한 명(命)을 내렸다.

"심양에 잡혀 갔다가 돌아오는 여자들은 홍제원에서 모조리 목욕을 하고서 서울에 들어오라."

이것으로 그들의 정조 문제를 한 번에 씻어 버리기로 하고, 다시 거론하는 자는 엄벌한다는 것이다. 이리하여서 수백의 아내와 딸들이 누명을 벗고, 다시 아내가 되고 어머니가 된 것이었다. 그때에 만일 그 처녀들을 일일이 심문하여서, 정말 깨끗한 자와 더럽혀진 자를 가리고, 더럽혀진 자 중에도 억지로 더럽혀진 자, 마음이 동한 자를 가리기로 하였다 하면 어떠한 결과가 생겼을까.

오늘날 친일파 문제도 이와 비슷하다. 사십 년 일정(日政) 밑에 일본에 협력한 자, 아니한 자를 가리고, 협력한 자 중에서도 참으로 협력한 자, 할 수 없어서 한 자를 가린다 하면 그 결과가 어찌 될 것인가. 일정에 세금을 바치고, 호적을 하고, 법률에 복종하고, 일장기를 달고, 황국 신민 서사를 부르고, 신사에 참배하고, 국방헌금을 내고, 관공립 학교에 자녀를 보내고 한 것이 모두 일본에의 협력이다.

더 엄격하게 말하면, 죽지 않고 살아 있는 것도 협력이다. 왜 그런고 하면, 그가 협력을 아니 하였던들 죽었거나 옥에 갔겠기 때문이다. 만일 일정 사십 년에 전혀 일본에 협력하지 아니하고 살아 온 사람이 있다고 하면, 그는 해외에서 생장한 사람들일 것이니, 이들만 가지고 나라를 하여 갈 수가 있겠는가.

그러므로 우리는 삼천만 민족 전체로서 홍제원 목욕을 하고 다시는 죽더라도 이민족의 지배를 받지 말자고 서약함이 옳기도 하고 효과적이기도 할 것이다.

– 이광수, 「홍제원 목욕」

이 글에서 이광수는 일제강점기에 일정(日政)에 협조했던 친일파를 병자호란 때 청으로 끌려갔다 돌아온 환향녀(還鄕女)에 비유하며 양자의 유사성을 강변한다. 병자호란이 나서 조선의 많은 부녀자가 포로로 청나라에 잡혀가 죽지 못해 몸을 더럽혔다. 마찬가지로 한일병합이 되니 대다수의 조선 민중이 생활을 영위하기 위해 일제에 크고 작은 협조를 할 수밖에 없었다. 그런데 과거 인조는 홍제원에서 환향녀들을 목욕시킨 다음 모두 용서하고 그들의 실절(失節)에 대해 일체의 시비를 가리지 않았다. 친일파의 사정이 환향녀의 사정과 같으니 환향녀가 홍제원 목욕으로 모든 것을 용서받았듯, 친일파 역시 가벼운 다짐이나 한 번 하는 것으로 모든 죄를 용서받고, 과거 친일 행각에 대한 어떠한 시비도 가리려고 해서는 안 된다는 것이다.

예제 5.2

다음 글 속의 유비논증을 분석하라.

아프가니스탄에는 없는 것이 많다. 산에는 나무가 없고 강에는 물이 없다. 가정집엔 식량이 없고 병원엔 약품이 없다. 시장에는 생필품이 부족하다. 그 대신에 총은 넘쳐 난다. 지뢰는 또 좀 많은가. 비라도 오면 지뢰 홍수로 줄줄이 사고가 터진다. 문맹률은 84%이고 영아사망률은 세계 최고 수준이다.

25년 전까지만 해도 아프간은 현대식 시가지에 풍부한 문화유산으로 '아시아에서 가장 깨끗한 나라', '과거와 현대가 조화롭게 공존하는 땅'으로 불리는 아시아 최대 관광국 중 하나였다. 70여 개 종족이 이슬람교, 불교, 기독교를 믿으며 사이좋게 살아가는 모습은 다민족 다원주의의 성공 모델로 불렸다. 인종 간, 종교 간 갈등을 빚던 이웃 나라들과 비교되기도 했다. 유럽인들 사이에서는 "명상(莫想)을 즐기려면 아프간으로 가라."는 말이 유행할 정도였다.

하지만 헬레니즘에서 불교를 거쳐 이슬람에 이르기까지 찬란한 문화와 역사를 가진 아프간은 1980년 이후 쿠데타와 소련 침공, 내전을 겪으면서 모든 것을 잃어버렸다. 2005년 11월 아프간의 시계는 고장 난 바늘로 멈춰 있다.

소련의 침공을 물리치고 재도약할 기회가 있었지만, 1996년에 등장한 탈레반 정권은 이슬람 원리주의에 바탕을 둔 극단적 개혁과 과거사 청산에 매달렸다. 당시 현장을 취재했던 필자는 시민의 열렬한 지지를 확인했다. 시민은 소련에 빌붙었던 배신자들에 대한 가혹한 응징에 열광했다. 시민의 호응에 힘입어 탈레반 정권은 경제 발전과 정치 안정 대신 역사 바로 세우기와 국가 정체성 회복을 내세웠다. 종족 간, 지역 간 갈등을 부추겨 아프간 사회를 극단적인 '네 편' '내 편'으로 갈랐다. 우상 배격의 미명 아래 세계적 문화유산인 바미안 불상을 폭파했다. 여성을 직장에서 내쫓고 하향평준화 평등교육을 강요했다. 비판적 언론은 아예 씨를 말려버렸다.

탈레반 정권 패퇴 5주년을 맞아 필자는 지난 주 아프가니스탄을 다시 찾았다.

국제 테러리스트 오사마 빈 라덴을 보호하던 탈레반 정권의 운명은 미국에 의해 끝났지만 극단주의자들이 벌인 광란극의 후유증은 계속되고 있었다. 시민은 여전히 '공포', '불신', '분열'의 악령에 시달리고 있었고 거리에서 만난 시민의 얼굴은 절망 그 자체였다. 이런 공포와 불신은 탈레반에 협력한 전력(前歷) 여부를 놓고 서로 죽이고 죽는 피 흘림으로 이어지고 있다. 대학에선 학생들의 학력 저하로 고등학교 수준의 수업을 하고 있다.

가장 큰 피해자는 여성이다. 탈레반이 물러난 뒤 여성들은 부르카로 불리는 차도르를 착용하지 않아도 된다. 하지만 언제 다시 이슬람 전통을 내세운 '개혁세력'이 등장할지 모른다는 두려움과 오랜 인습으로 여성들은 여전히 부르카로 머리에서 발끝까지 온몸을 칭칭 감고 있다. 많은 여성이 남편의 폭력을 견디다 못해 분신자살을 하고 있다. 한 여교사는 필자에게 "탈레반은 여성으로 태어난 내 운명을 저주스럽게 만들었다."고 말했다.

한때 '한국의 탈레반'으로 불렸던 386 집권세력이 벌이고 있는 과거사 청산과 교조주의적 개혁 작업은 한국 사회에 어떤 후유증을 불러올까. 이미 대한민국은 '정신적 내전(內戰) 상태'라는 평가가 국내외서 나오는 상황에서 아프간의 비극은 남의 일 같지가 않다.

– 반병희, "과거사 광란극", 동아일보, 2005년 11월 22일자

풀이 이 글은 우리나라의 386 집권세력을 과거 아프가니스탄의 탈레반 정권에 비유한다. 탈레반 정권과 386 세력은 서로 유사하므로 탈레반 정권에서 벌어졌던 일은 386 세력에서 그대로 재현된다. 탈레반 정권이 경제 발전과 정치 안정 대신 역사 바로 세우기와 국가 정체성 회복에 주력했듯이 386 세력 역시 경제발전이나 정치안정에는 관심이 없고 (친일파 색출 같은) 과거사 청산 작업에만 매달리고 있다. 탈레반 정권이 이슬람 원리주의에 바탕을 둔 극단적 개혁과 과거사 청산을 감행했던 것처럼 386 집권세력은 교조주의적 개혁 작업과 과거사 청산작업을 벌이고 있는 것이다. 그런데 탈레반 정권의 개혁은 사회를 '네 편' '내 편'으로 분열시켰고, 하향평균화로 학생들의 학력 저하를 초래했으며, 비판적 언론을 탄압했고, 시민을 '공포', '불신', '분열'의 악령에 시달리게 만들었다. 탈레반의 과거가 곧 386의 미래일 것이므로 386 세력의 개혁 및 과거사 청산 작업을 그대로 두고 보면, 장차 우리나라에서도 국론이 분열되어 정신적 내란 상태에 빠지고, 학력저하로 대학생이 고등학생 수준의 수업을 받아야 할 것이고, 비판적 여론이 탄압을 받을 것이며, 국민은 '공포', '불신', '분열'의 악령에 시달리게 될 것이다. (그러므로 386 세력의 개혁 및 과거사 청산 작업을 중지시켜야 한다.)

3 유비논증의 논증력

유비논증은 주장되는 쪽의 사물 또는 현상과 그것이 비유되는 사물 또는 현상의 유사성에 근거한 논증이므로 유비논증의 논증 강도 내지 설득력은 이 유사성에 의해 좌우된다. 이 유사성이 크면 클수록 논증력은 강해지고 반대로 작으면 작을수록 논증력은 약해진다. 그러나 유비관계에 있는 사물들이 완전히 같을 수는 없으므로 유비논증의 논증력 역시 연역논증에서처럼 완벽할 수는 없다. 유비논증은 단지 개연적으로만 타당할 뿐이다. 유비적인 두 사태는 그것들이 완전히 동일하지는 않기 때문에 비록 지금까지 관찰된 속성 A, B, C에 있어서는 서로 같다고 하더라도 앞으로의 속성 D와 E에서는 얼마든지 서로 다를 수 있다. 한 나라의 정치 · 경제적 상황과 기마도강은 엄연히 서로 다른 것이다. 그러므로 비록 제6대

대통령선거 당시 우리나라의 사정과 말을 타고 강을 건너는 것이 몇 가지 측면에서 유사하다 할지라도 교체하지 않는다는 점에서까지 같아야 할 이유는 없다. 말을 타고 강을 건너는 것에 관해 참일 수 있는 것이 대통령 선출에 관해서도 참일 필요는 없는 것이다.

유비논증의 타당성이 절대적인 것이 아니고 개연적인 것이라면, 유비논증을 구사하는 논객은 그 개연성을 높여야 할 것이고, 그의 논적(論敵)은 그것을 낮추거나 아예 없애야 할 것이다. 유비논증의 논증력은 비유적인 사물들 사이의 유사성에서 나오므로 논증의 타당성을 높이려면 그 유사성을 확고하게 해야 하고, 반대로 그것을 낮추거나 없애려면 그 유사성을 논파해야 한다. 앞에서 예로 든 「홍제원 목욕」의 유비논증은 친일파와 환향녀의 유사성이 논증력을 결정하는 핵심 요소이다. 이 유사성을 높이면 논증력이 강화되고 설득력도 커지지만, 낮추면 논증력은 떨어지고 설득력도 줄어든다. 그러므로 이 논증을 논파하려면 무엇보다 비유적 사물들(친일파와 환향녀) 사이의 유사성을 부정해야 한다. 친일파와 환향녀는 비록 몇 가지 측면에서 유사하지만, 많은 점에서 서로 다르다. 사소하게는, 환향녀는 모두 여자인데 친일파는 남녀의 구별이 없고, 환향녀는 그 시대적 배경이 병자호란인데 친일파는 일제강점기이고, 환향녀의 실절(失節) 장소는 주로 청나라였으나 친일파의 친일 행각은 주로 국내에서 이루어졌다는 등. 중대한 차이라고 하면 환향녀의 실절은 대체로 불가항력적인 것이었으나 친일파의 변절은 어느 정도 그들의 자유의사에 의한 것이었다는 점이다. '아프칸의 과거사 광란극' 역시 마찬가지이다. 이 논증의 타당성 크기는 그것이 의존해 있는 386 세력과 탈레반 정권의 유사성 크기이다. 그러므로 이 유사성을 부정하면 논증은 자연히 붕괴된다. 그리고 그것은 이렇게 될 것이다. 386 세력과 탈레반 정권은 다르다. 그들의 사회적 · 역사적 · 문화적 · 의식적 기반과 배경 그리고 무엇보다 개혁의 방식이 서로 다르다. 그러므로 탈레반의 개혁이 초래한 문제들이 386 세력이 주도한 개혁의 결과로 나타날 논리적 근거는 전혀 없다.

유비논증의 논증력을 보존하려면 비유적 사물 사이의 유사성에 관한 다음의 세 가지를 조심해야 한다. 첫째, 그 유사성은 본질적인 것이어야 하며 우유적(偶有的)인 것이어서는 안 된다. 이것은 가령 DNA의 동일성은 친자 주장의 증거로 인정되지만, 발가락이 닮았다는 사실은 그럴 수 없다는 것만 생각해봐도 잘 알 수 있다. 본질적인 속성이 서로 같아야 강한 유비관계가 성립되며, 유비관계가 강해야 비유적인 사물의 속성이 주장되는 쪽의 사물에서 나타날 가능성이 커진다.

비유적 사물들 간의 유사성에 관해 두 번째로 중요한 것은 그 사물들은 논증의 주제와 관련된 점에서 유사해야 하며, 그로써 결론의 도출이 가능한 적절한 연관관계가 존재해야 한다는 것이다. 비록 그 유사성이 사소한 것이 아니라 하더라도 논증 주제와 관련이 없을 때 어떤 오류를 범하게 되는지는 다음의 논증에서 잘 알 수 있다.

> A군과 B군은 쌍둥이이다. 두 사람 모두 고향이 울산이다. A군은 키가 180센티미터가 넘는 장신이다. B군도 김군과 비슷한 장신이다. A군은 수재이다. B군 역시 수재이다. 그런데 A군은 무신론자이다. 그러므로 B군도 무신론자일 것이다.

이 논증의 결론은 B군이 무신론자일 것이라는 것이고, 그것을 뒷받침하는 전제는 B군과 A군의 유사성과 A군이 무신론자라는 사실이다. 그러나 여기에 거론된 유사성은 쌍둥이라는 것, 고향이 같다는 것, 장신이라는 것, 수재라는 것 등으로 결론의 주제인 종교와는 아무 관련이 없다.

비유적 사물들 간의 유사성에 관해 마지막으로 주의할 것은 유사성을 확대 해석함으로써 그 대상의 차이를 무시하지 말라는 것이다. 유사성에 갇히면 상이성을 간과하기 쉽다. 다음과 같은 논증은 유사성에 빠져 상이성을 간과한 예이다.

> 몸의 구조가 일정한 환경에만 살 수 있도록 특수화되어 있지는 않고, 손

> 가락이 물체를 쥐는 데 알맞게 되어 있으며, 손가락에는 날카로운 손톱 대신 평평한 손톱이 있는 등 침팬지의 해부학적 특징은 인간과 매우 유사하다. 뿐만 아니라 무리 지어 살며 도구를 사용하는 점 또한 인간과 흡사하다. 침팬지가 인간과 이처럼 놀랍게 유사한 것을 볼 때, 일정 기간 훈련과 학습을 받는다면 상시 직립보행이나 논리적 추론도 가능할 것이다.
>
> – 브리태니커 온라인사전

인간과 침팬지가 여러 가지 중요한 점에서 유사하지만 그렇다고 해서 침팬지가 인간처럼 상시 직립보행 및 논리적 추론을 할 수 있으리라고 주장하는 것은 양자의 속성 차이를 간과한 유사성의 확대해석이다.[1]

이제 유비논증의 논증력을 떨어뜨리는 원인을 알았으니 유비논증을 구사할 때는 이런 원인이 발생하지 않도록 해야 한다. 비유적 사물과의 유사성은 본질이고, 논증의 주제와 밀접한 관련이 있는 것을 택해야 하며, 유사성에 취하여 상이성을 간과하지 말아야 한다. 그리고 논쟁 상대의 유비논증에 대항할 때는 그것이 이상의 논증력 감소 요인을 가지고 있는지 살펴서 공격하는 것이 효과적이다.

---

1 논증력 약한 유비논증에 대한 보다 상세한 논의에 관해서는 김소령, 「고교 논술 속의 유비논증」, 울산대학교 교육대학원 석사학위논문, 2010, pp. 11-14를 참조할 것.

예제 5.3

다음 논증을 분석 · 평가하라.

개와 늑대는 모두 개과에 속한다. 개도 늑대도 고기를 먹는다. 개와 늑대는 모두 뿔이 없다. 개의 후각은 예민하다. 늑대의 후각도 뛰어나다. 개는 사람을 잘 따른다. 그러므로 늑대도 사람을 잘 따를 것이다.

풀이 이 논증은 개와 늑대의 유사성을 상이한 부분에까지 무리하게 확장하여 설득력이 없다.

연습문제

1. 다음 유비논증의 논증력을 평가하라.

1.1 이항복 소년의 집 감나무 가지 몇 개가 이웃집 담장으로 넘어갔다. 그러자 이웃집 사람들이 그 가지에 달린 감을 따먹는다. 화가 난 소년 이항복이 이웃집을 찾아가 그 집 주인 방문에 팔을 밀어 넣으며 "이 팔이 뉘 팔이오?" 하고 묻자 주인은 "그거야 물론 자네의 것이네."라고 대답했다. 그러자 이항복이 "담장을 넘어간 감나무 가지는 누구의 것입니까?"라고 다시 물었다. 이웃집 주인은 담장을 넘어간 가지의 감도 이항복의 것임을 인정하고 허락 없이 감을 따먹은 것을 사과했다.

1.2 거친 풍랑에 흔들리는 배 안에서 선장이 위기를 극복하기 위해 절대 권력을 갖는다. 군사적으로는 북한에 의한 전쟁 위험에 노출되어 있었고, 경제적으로는 혹독한 가난에 억눌려 있던 당시

의 대한민국은 풍랑을 만난 작은 배와 다르지 않았다. 따라서 국가를 책임지고 있는 대통령에게 무소불위의 권력을 허용한 유신헌법은 필연적인 것이었다.

6장

귀류논법과 양도논법

1 귀류논법

귀류논법은 후건부정논법에 선언삼단논법이 가미된 형태이기 때문에 귀류논법을 이해하기 위해서는 우선 후건부정논법 및 선언삼단논법에 대한 고찰이 필요하다.

후건부정논법

참인 명제는 어떤 것도 그것에 대한 부정을 함의하지 않는다. 예를 들어, 명제 "미국은 강대국이다."는 미국의 군사력이 막강하다는 것, 경제 규모가 크다는 것, 국제 사회에서의 정치적 영향력이 크다는 것 등의 여러 의미를 가질 수 있지만, 그 어떤 경우에도 미국이 강대국이 아니라는 것은 함의하지 않는다. 그러므로 만약 어떤 명제가 그것에 대한 부정을 함의한다면 그 명제는 거짓이라는 원리가 성립하는데, 이 원리를 응용한 논법이 후건부정논법이다. 이 논법의 형식은 이러하다.

p는 q를 함의하는데, q는 거짓이다. 그러므로 p도 거짓이다.

$$\begin{array}{r} p \longrightarrow q \\ \sim q \\ \hline \therefore \sim p \end{array}$$

예제 6.1

다음 논증을 분석하여 그 구조를 밝혀라.

만약 공간이 피타고라스학파가 가정하는 대로 나뉠 수 있다면, 출발점 A에서 도착점 B를 향해 달려가는 주자는 공간 AB 사이의 분절된 지점들을 거쳐가게 된다. 어느 한 분절지점에서 그다음 분절지점으로 이동하는 데는 비록 짧은 시간일지라도 일정한 시간이 소요될 것이고 분절지점 사이의 구간 수에 이 시간을 곱한 것이 목적지에 도달하는 데 필요한 총 소요시간이 될 것이다. 그런데 공간 AB는 무수히 많은 지점들로 분절될 수 있고, 따라서 주자는 목적지에 도달하기 위해 무한히 많은 수의 분절지점을 통과해야 하며, 그 소요시간은 일정 시간 곱하기 무한대로서 역시 무한대가 될 것이다. 이것은 주자가 목적지 B에 영원히 도달할 수 없음을 의미한다. 그러므로 피타고라스의 가정은 틀렸다.

풀이 "공간은 피타고라스학파가 가정하는 대로 나뉠 수 있다."를 p로 놓고, "출발점 A에서 도착점 B를 향해 달려가는 주자는 (공간 AB 사이의 분절된 지점들을 거쳐) B에 도착한다."를 q로 놓으면, 위의 논증은 '$[(p \rightarrow q) \cdot \sim q] \vdash \sim p$'로 형식화된다.

선언삼단논법

두 선언지 명제를 '또는'으로 연결한 합성명제가 참일 때, 그 선언지 명제 중 하나가 거짓이라면, 다른 하나는 참일 것은 직관적으로 분명하다. 이러한 사실을 응용하면 다음과 같은 논증방법을 얻을 수 있다.

$$
\begin{array}{c}
p \lor q \\
\sim p \\
\hline
\therefore q
\end{array}
$$

예제 6.2

다음 논증을 분석하여 그 구조를 밝혀라.

공간은 운동(변화)의 다자(多者)를 믿는 피타고라스학파의 가정처럼 나뉠 수 있거나 부동(불변)의 일자(一者)를 믿는 엘레아학파의 생각처럼 나뉠 수 없다. 그런데 공간이 나뉠 수 있다는 피타고라스학파의 가정은 틀렸다. 그러므로 공간은 나뉠 수 없다.

풀이 "공간은 피타고라스학파가 가정하는 대로 나뉠 수 있다."를 p로 놓으면, 위의 논증은 '$[(p \vee \sim p) \cdot \sim p] \vdash \sim p$'로 형식화된다.

귀류논법의 구성

귀류논법은 먼저 논증하려는 결론 또는 그것의 부정이 참이라는 전제를 세우고, 후건부정추론식을 이용한 부속연역을 통해 그 결론의 부정은 거짓이라는 것을 증명한 다음, 선언삼단논법을 이용하여 그 결론이 참일 수밖에 없다고 논증하는 방법이다.[1]

1 "귀류논법은 논증하고자 하는 결론의 부정을 가정하여 전제로 세우고, 부속연역을 통해 모순을 이끌어낸 다음 그것을 근거로 그 가정이 틀렸고, 따라서 문제의 결론이 정당하다고 추론[논증]하는 방법이다." 김보현 · 김효섭, 『바른 추론, 그른 추론』, p. 167.

예제 6.3

다음 논증을 분석하여 그 구조를 밝혀라.

공간은 운동(변화)의 다자(多者)를 믿는 피타고라스학파의 가정처럼 나뉠 수 있거나 부동(불변)의 일자(一者)를 믿는 엘레아학파의 생각처럼 나뉠 수 없다. 그런데 만약 공간이 나뉠 수 있다면, 출발점 A에서 도착점 B를 향해 달려가는 주자는 공간 AB 사이의 분절된 지점들을 거쳐가게 된다. 어느 한 분절지점에서 그다음 분절지점으로 이동하는 데는 비록 짧은 시간일지라도 일정한 시간이 소요될 것이고 분절지점 사이의 구간 수에 이 시간을 곱한 것이 목적지에 도달하는 데 필요한 총 소요시간이 될 것이다. 그런데 공간 AB는 무수히 많은 지점들로 분절될 수 있고, 따라서 주자는 목적지에 도달하기 위해 무한히 많은 수의 분절지점을 통과해야 하며, 그 소요시간은 일정 시간 곱하기 무한대로서 역시 무한대가 될 것이다. 이것은 주자가 목적지 B에 영원히 도달할 수 없음을 의미한다. 그러므로 피타고라스의 가정은 거짓이고, 따라서 공간은 나뉠 수 없다.

풀이 "공간은 피타고라스학파가 가정하는 대로 나뉠 수 있다."를 p로 놓고, "출발점 A에서 도착점 B를 향해 달려가는 주자는 (공간 AB 사이의 분절된 지점들을 거쳐) B에 도착한나."를 q로 놓으면, 위의 논증은 다음과 같이 형식화된다.

$$p \vee \sim p$$

$$p \rightarrow q$$

$$\sim q$$

$$\therefore \sim p$$

연습문제

1. 다음은 황우석 교수의 줄기세포 사건에 관한 글이다. 이 글에서 사용된 논법을 지적하라.

황 교수는 초기에 (어느 시점까지) 줄기세포가 없다는 사실을 알았거나 몰랐을 것이다. 만약 그가 그 사실을 처음부터 알았다고 가정하면, 우리는 그가 자기 팀의 세포주를 외부기관에 분양하지 않았으리라고 결론을 내릴 수밖에 없다(∵ DNA를 검사하면 금방 탄로가 날 것이므로). 그러나 그는 자기 팀의 세포주를 외부로 유출했다. 그러므로 그가 그 사실을 처음부터 알고 있었다는 가정은 맞지 않다. 결국 그는 줄기세포가 없다는 것을 처음에는 몰랐던 것이다.

2. 아래 글의 논증 구조를 밝히고 논증력 내지 설득력을 평가하라.

아무개 국회의원이 Y 여인과 내연관계에 있다는 말은 터무니없는 헛소문에 불과하다. 그는 보좌관들을 데리고 그녀가 운영하는 술집에 자주 들러서 술을 마셨는데, 만약 그가 소문처럼 그녀와 내연관계라면 그런 일은 일어나기 어렵다. 왜냐하면 부적절한 관계를 맺고 있는 사람들은 그들의 관계가 사람들에게 알려질 것이 두려워 상대를 아무도 모르게 꽁꽁 숨겨놓고 은밀하게 만나지 사람들을 데리고 다니면서 함께 만나지 않을 것이기 때문이다. 그러므로 아무개 국회의원이 Y 여인과 이러쿵저러쿵하는 것은 말도 안 된다. 그들은 단순히 술집 주인과 손님일 뿐이다.

2 양도논법

양도논법의 구조

양도논법에는 긍정적인 것(constructive dilemma)과 부정적인 것(destructive dilemma)이 있다. 긍정적 양도논법은 "p이면, q이다. 그런데 p이다. 그러므로 q이다."[2]라는 형식의 전건긍정식을 두 개 합쳐 놓은 구조로 되어 있다.

$$(p \rightarrow r) \cdot (q \rightarrow s)$$
$$p \vee q$$
$$\text{-----------}$$
$$\therefore r \vee s$$

2 $[(p \rightarrow q) \cdot p] \vdash q$

반면에, 부정적 양도논법의 구조는 후건부정식을 두 개 합쳐 놓은 구조이다.

$$(p \rightarrow r) \cdot (q \rightarrow s)$$

$$\sim r \vee \sim s$$

$$\therefore \sim p \vee \sim q$$

예제 6.4

다음은 플라톤의 『변명』의 한 대목이다. 이 글 속의 논증을 분석하라.

달리 한 번 생각해보면, 죽음이 좋은 것이라고 희망을 가질 커다란 이유가 있음을 알게 될 것입니다. 죽음이란 다음의 둘 중 하나입니다. 즉 무(無)의 상태이고 무의식의 상태이거나, 또는 전해오는 말처럼 영혼이 여기에서 다른 곳으로 자리를 바꿔 옮겨 사는 일 같은 것입니다. 그리고 만약 그것이 아무 감각도 없어서 꿈 한 번 꾸지 않는 잠 같은 것이라면, 죽음은 놀랄 만한 이득이 있는 일인지도 모릅니다. 왜냐하면, 내 생각으로는 만약 사람들이 꿈도 꾸지 않을 만큼 깊이 잠들었던 밤을 골라내어 그 한 밤과 그의 일생 중의 다른 모든 밤낮과 비교해보고 깊이 생각한 다음 평생에 몇 낮 몇 밤을 그 한 밤보다 더 좋게 더 즐겁게 지냈는지 말해야 한다면, 보통 사람뿐만 아니라 대왕조차도 그런 밤낮은 다른 밤낮과 비교해서 겨우 손꼽을 정도밖에 찾아내지 못할 것이기 때문입니다. 그래서 죽음이 과연 이런 것이라면, 나는 그것을 이득이라고 말합니다. 왜 그런가 하면, 그 시간 전체는 이렇게 본다면 하룻밤보다 더 길지 않게 생각될 수도 있기 때문입니다. 그러나 만약 죽음이 이곳에서 다른 곳으로의 여행이고, 죽은 사람은 다 그곳으로 간다는 말이 사실이라면 재판관 여러분, 이보다 더 좋은 일이 어디 있겠습니까? 아닌 게 아니라 이승에서는 스스로 재판관이라고 말하는 사람들에게서 벗어나서 저승에서 재판하고 있다는 참다운 재판관들, 미노스라든가, 라다만티스라든가, 아이아코스라든가, 트립톨레모스라든가, 그 밖에 자신들이 살아 있던 동안 의로웠던 영웅신들을 찾아낸다면, 그렇게 옮아 사는 것이 과연 보잘것없는 일일까요? 또는 오르페우스나 모우사이오스나 헤시오도스나 호메로스를 만나기 위해 얼마든지 큰 대가를 치르려는 사람들이 여러분 중에 있을 것이 아닙니까? 과연 그것이 사실이라면 나는 몇 번을 죽어도 좋다고 생각합니다.

– 플라톤, 최현 옮김, 『소크라테스의 변명』, 집문당

풀이 p = "죽음은 무(無)의 상태이고 무의식의 상태이다.", q = "죽음은 영혼이 여기에서 다른 곳으로 자리를 바꿔 옮겨 사는 일이다.", r = "대왕조차도 그것(무의 상태이고 무의식의 상태)보다 더 좋게 더 즐겁게 지낸 날은 며칠 되지 않을 것이다.", s = "그곳에서 아이아코스라든가, 트립톨레모스 같은 영웅신들을 찾아낼 수도 있고 또 오르페우스나 모우사이오스나 헤시오도스나 호메로스를 만날 수도 있다."라고 하면, 위의 글은 다음과 같이 긍정적 양도논법의 형식을 갖는다. $[(p \vee q) \cdot \{(p \rightarrow r) \cdot (q \rightarrow s)\}] \vdash (r \vee s)$

결국 나는 죽어서 대왕조차 평생 못 누릴 즐거운 날들을 매일 누리거나 이승에서 만날 수 없는 훌륭한 사람들을 많이 만날 것이니($r \vee s$) 죽음은 커다란 이득이고, 그래서 나는 죽음을 두려워하지 않는다.

예제 6.5

다음 글 속의 논증을 분석하라.

북한에 폐쇄적인 김 씨 왕조가 계속된다면 북한은 핵무기 개발을 계속할 것이지만, 만에 하나라도 개방적인 민주정권이 들어선다면 외교적 고립에서 벗어나기 위해 핵무기 개발을 중단할 것이다. 북한은 핵무기 개발을 계속하거나 아니면 중단할 것이다. 그러므로 향후 북한에서는 김 씨 왕조가 계속되거나 무너질 것이다.

풀이 p = "북한에 폐쇄적인 김 씨 왕조가 계속된다.", q = "김 씨 왕조가 무너진다(개방적인 민주정권이 들어선다).", r = "북한은 핵무기 개발을 계속한다.", s = "북한은 핵무기 개발을 중단한다." 라고 하면, 위의 글은 아래와 같이 부정적 양도논법의 형식을 갖는다. $[\{(p \rightarrow r) \cdot (q \rightarrow s)\} \cdot (\sim s \vee \sim r)] \vdash (\sim q \vee \sim p)$

양도논증의 설득력

양도논법을 사용한 양도논증의 전제는 두 개의 가언명제들로 연결된 연언명제(대전제)와 두 개의 선언지로 연결된 선언명제(소전제)로 이루어진다. 어느 한 양도논증으로 사람들을 설득할 수 있으려면 그 논증의 전제인 연언명제와 선언명제가 모두 참이어야 한다. 그러므로 양도논증에 의한 논쟁에서 상대 논증의 설득력을 무력화하기 위해 그것의 연언 전제를 허구라고 물리치거나 선언 전제가 거짓임을 밝히는 일이 잦다.[3] 논객들은 흔히 선언 전제의 선언지 사이의 열린 틈을 지적함으로써 그 전제명제가 거짓이라고 공격한다. 그런 만큼 이러한 공격을 받지 않고 설득력 있는 양도논증을 구성하려면 그 두 선언지 사이에 틈이 생기지 않도록 조심해야 한다.

3 연언 전제를 허구라고 물리치는 것은 '딜레마 뿔 잡기'라고 부르고, 선언 전제가 거짓임을 밝히는 것은 '(딜레마) 뿔 사이로 피하기'라고 부른다. 이에 대한 보다 자세한 논의는 김보현 · 김효섭, 『바른 추론, 그른 추론』, pp. 184-185를 참조할 것.

예제 6.6

다음 글 속의 논증을 분석하고 평가하라.

악행이나 범죄로 처벌이나 비난을 받는 사람은 있을 수 없다. 사람은 누구나 어떤 악행이나 범죄가 나쁘다는 것을 알거나 또는 모른다. 그런데 주지주의 윤리설에 의하면, 누구도 알면서 자발적으로 악을 행하지 않으며, 악은 무지에서 비롯된다. 그러므로 악행이나 범죄가 나쁘다는 것을 아는 사람은 악행이나 범죄를 저지르지 않을 것이기에 처벌이나 비난받는 일이 없을 것이고, 그것이 나쁘다는 것을 모르는 사람은 모르고 한 일이기 때문에 처벌이나 비난받을 수 없다. 결국 누구도 악행이나 범죄로 처벌이나 비난받지 않을 것이다.

풀이 p="사람은 악행이나 범죄가 나쁘다는 것을 안다.", q="사람은 악행이나 범죄가 나쁘다는 것을 모른다.", r="(사람은) 비난이나 처벌을 받지 않는다."라고 하면, 위의 글은 다음과 같은 양도논법의 형식을 갖는다. $[(p \vee q) \cdot \{(p \rightarrow r) \cdot (q \rightarrow r)\}] \vdash r$

그러나 악행이나 범죄가 나쁘다는 것을 아는 사람이 처벌이나 비난을 받지 않는 것($p \rightarrow r$)은 악행이나 범죄가 나쁘다는 것을 아는 사람은 악행이나 범죄를 저지르지 않는다는 가정 때문인데, 이 가정은 거짓이다. 따라서 위의 양도논증은 부당하고 설득력이 없다.

연습문제

1. 다음의 논증을 분석하고, 그 구조를 설명하라.

우리나라 의대생들은 인문학에 관심 자체가 없거나 약간의 인문학적 소양조차 지니고 있지 않다. 만약 우리 사회에 인문학을 중시하는 문화적 풍토가 잘 조성되어 있다면 그들은 인문학에 조금이나마 관심이 있을 것이다. 한편, 인문학에 대한 기초적인 교육이 제대로 이루어지고 있다면, 그들은 어느 정도의 인문학적 소양을 지니고 있을 것이다. 그러므로 우리 사회에는 인문학을 중시하는 문화적 풍토가 조성되어 있지 않거나 인문학에 대한 기초적 교육이 제대로 이루어지지 않고 있음이 분명하다.

2. 다음 글에 나타나는 양도논증의 구조를 설명하라.

김 사장은 아내에게 관심이 없는 것이 분명하다. 만약 그렇지 않다면 그녀에게 애증의 감정이 남아 있다는 것인데, 그녀를 사랑한다면 곤경에 처했던 그녀를 그렇게 모른 척하지는 않았을 것이고, 미워한다면 그처럼 오랫동안 짜증 한 번 내지 않았을 리 없다.

3. 다음의 논증을 분석하고, 그 구조를 설명하라.

퇴직을 앞둔 김 부장은 은퇴 후 고향에 내려가 펜션사업을 시작할 계획이고, 선산의 언덕 위나 계곡 근처에 펜션을 지을 예정이다. 하지만 언덕 위에 펜션을 짓는다면 지반이 약해서 붕괴 위험에 있을 것이고, 계곡 근처에 지을 경우 홍수 피해의 위험이 따를 것이다. 결국 김 부장이 새로 지을 펜션은 붕괴나 홍수 피해의 위험에 노출될 것이다.

4. 다음은 당 대표 경선에 출마한, 젊고 혁신을 강조하는 어느 후보의 출마의 변이다. 그의 말을 논증으로 재구성하라.

우리 당이 정당혁명으로 갈 것인지, 내가 이슬로 사라질 것인시 주사위는 던져졌다.

7장

논증에서 범하기 쉬운 오류들 1

1 사람과 주장을 혼동하는 오류

2 우연의 오류와 성급한 일반화의 오류

3 거짓 원인의 오류

4 애매어의 오류

국어사전을 찾아보면 오류라는 말은 '그릇되어 이치에 어긋남'으로 정의되어 있다. 그러니까 이치에 어긋나는 말이나 행동을 하면, 그것이 무엇이든 오류를 범한 것이 된다. 인생을 쉽게 생각하고 미래에 대비하지 않는 것도 오류이고, 주가의 동향을 잘못 예측하는 것도 오류이다. 그러나 논리학에서는 오류라는 말이 보다 좁은 의미로 사용된다. 논리학에서 사용되는 의미의 오류는 논증(또는 추론)에서 저지르는 잘못이다. 모든 논증이 언제나 옳은 것은 아니다. 뉴턴이 자연과학자라는 결론의 전제로 뉴턴이 물리학자라는 사실을 제시하는 논증은 옳지만, 뉴턴이 물리학자라는 결론의 전제로 뉴턴이 자연과학자라는 사실을 제시하는 논증은 그르다. 논증(또는 추론) 상의 이러한 잘못을 '오류'라고 한다.

오류는 크게 두 가지로 분류할 수 있다. 하나는 형식적인 것이고, 다른 하나는 비형식적인 것이다. 형식적인 오류는 논증을 구성하는 명제들의 내용과 무관하게 단지 논증 또는 추론의 규칙을 위반하는 오류이고, 비형식적인 오류는 내용상 결론과 관련이 없는 부적절한 전제들을 제시하는 오류이다. 결론에 알맞지 않은 내용의 전제를 결론의 근거로 삼는 것은 논자가 감정에 휘둘리거나, 부주의, 무지 등으로 인하여 관련성 또는 적절성을 혼동하거나, 전제에 문제가 있는 가정이 포함되어 있기 때문이다. 그러므로 비형식적 오류는 대체로 감정의 오도, 논자의 혼동 그리고 문제 있는 가정을 기준으로 그 종류가 나뉜다. 그러나 감정만 하더라도 '공포', '연민', '선호' 등 갈래가 여럿이고, 혼동의 유형 또한 상당히 많기 때문에 비형식적 오류는 세분한다면 수십 종에 달할 수도 있을 것이다. 그러나 우리의 주된 관심은 오류의 종류가 아니라, 오류 없는 글쓰기에 있는 만큼 우리가 취급하는 오류 역시 논증문에서 자주 나타나는 것들 몇 가지로 제한한다.

1 사람과 주장을 혼동하는 오류

논쟁이란 논증의 관점에서 보면, 결론이 서로 다른 논증을 하는 사람들이 자신의 논증은 타당하고 상대의 논증은 부당하다거나 또는 최소한 자신의 논증이 상대의 것보다 더 설득력이 있다고 다투는 것이다. 그러므로 이러한 다툼에서 공격의 대상은 당연히 상대의 논증이 되어야 한다. 그러나 논쟁에서 논증이 아니라 논증을 펴는 사람 자체를 문제 삼는 것을 종종 볼 수 있으며, 이러한 잘못은 사람과 주장을 혼동하는 오류라고 할 수 있는데, 인신공격의 오류와 정황적 논증의 오류는 이러한 종류의 오류에 속한다.

인신공격의 오류

어떤 주장을 펴는 사람에 대해 그의 주장을 공격하는 대신 신상문제를 공격할 때 범하는 오류를 '인신공격의 오류'라고 한다. 과거 나치정권 시절의 독일에서는 아인슈타인이 유태인이기 때문에 상대성이론은 틀렸다고 말하는 사람들이 있었다. 그들은 상대성이론이 틀렸다는 결론의 근거로서 상대성이론을 만든 아인슈타인이 유태인이라는 사실을 들었는데, 이 사실은 그의 이론과 아무런 관련이 없다. 그들은 아인슈타인의 주장(상대성 이론)을 그의 신상(유태인)과 구분하지 못했다.

정황적 논증의 오류

어떤 사람의 주장을 그가 처한 상황의 필연적 귀결로 간주할 때 발생하는 오류이다. 논쟁 중인 두 사람 가운데 한 사람이 자기의 주장이 참인가 거짓인가는 아랑곳하지 않고, 상대방이 그가 처한 상황으로 보아 자기의 생각을 받아들이지 않으면 안 된다고 주장하는 경우가 이에 해당된다. 등록금 인상 문제를 논의하는 대학발전위원회 회의석상에서 등록금 인상에 반대하는 학생회의 한 간부가 등록금 인상을 주장하는 학교본부 측의 보직 교수에게 "이번 학기 등록금을 올려야 한다는 교수님의 주장은 일고의 가치도 없습니다. 학생들의 등록금을 올려야만 교수 봉급을 올릴 수 있을 테니까 그런 주장을 하는 것은 당연한 일 아닙니까?"라고 말한다면 그는 정황적 논증의 오류를 범하는 것이다. 그는 예를 들어, 물가도 오르지 않았고, 신규 교직원 채용을 하지 않아 인건비 지출도 증가하지 않을 전망이며, 교사 등을 신축하지 않아 시설 투자비용이 증가하지도 않았다는 사실을 들어 자신의 결론(등록금 인상은 불가하다)이 정당하다는 것을 입증하려고 하지는 않고, 상대의 형편이나 사정을 이용하여 그에게 동의를 강요하고 있다.

예제 7.1

다음 글의 오류를 지적하고 그 근거를 밝혀라.

홍명희의 『임꺽정』은 문학적 가치가 높다고 할 수 없다. 왜냐하면 홍명희는 빨갱이이기 때문이다.

풀이 위의 글은 좌익이라는 문학 밖의 허물을 근거로 문학적 가치를 논하므로 인신공격의 오류를 범한다.

예제 7.2

다음 글의 오류를 지적하고 그 근거를 밝혀라.

부유세 징수에 반대하는 그의 주장은 정당하지 못하다. 왜냐하면 그 자신이 수백 억의 재산을 가진 부자이기 때문이다.

풀이 이 글은 부유세 징수에 반대하는 주장을 그 논거는 들어보지도 않고, 주장하는 자가 부자라는 정황만으로 물리치므로 정황적 논증의 오류를 범하고 있다.

2 우연의 오류와 성급한 일반화의 오류

우연의 오류

우연의 오류는 어떤 개념이나 원리에 대해 일반적으로 인정되는 제한을 무시 또는 간과하고 그 개념이나 원리를 예외적인 특수 사례에 잘못 적용함으로써 발생하는 오류이다. 누군가가 "행복추구권은 헌법에 보장된 국민의 기본권이다. 그리고 흡연권은 행복추구권이다. 행복하기 위해 먹고 싶을 때 먹고 놀고 싶을 때 놀 수 있어야 하듯 담배를 피우고 싶을 때는 언제 어디서건 아무런 구속도 받지 않고 담배를 피울 수 있어야 한다."고 논증한다면 그는 우연의 오류를 저지르는 것이다. 흡연은 먹거나 노는 것과는 달리 다른 사람에게 해를 끼칠 수 있으므로 행복추구의 원칙이 적용될 수 없는 예외적인 경우이기 때문이다.

성급한 일반화의 오류

이 오류는 우연의 오류와 역방향으로 진행되는 오류로서, 대표성이 없는 몇몇 특수 사례들로부터 보편 법칙이나 원리를 일반화할 때 발생한다. 예를 들어, "선조 때는 동인과 서인으로 나뉘어 당쟁을 일삼다가 임진년에 왜란을 자초하였고, 조선 말기에는 개화파와 수구파로 나뉘어 싸우다가 마침내 나라를 잃고 말았다. 그러므로 우리는 한국인이 모래알이라는 결론을 피할 수 없다."는 성급한 일반화의 오류를 범하는 논증이다. 설령 이 논증에서 전제로 내세우는 두 진술이 모두 객관적 사실이라 하더라도 선조 때나 조선 말기의 위정자들이 한국인을 대표한다고 할 수 없으므로 그들의 행태를 근거로 한국인의 일반적 성향을 단정 짓는 것은 비약이다.

예제 7.3

다음 글의 오류를 지적하고 그 근거를 밝혀라.

한국전쟁에서 군인보다 민간인이 더 많이 희생됐다. 한국전쟁은 내전이다. 이로써 우리는 내전에서는 군인보다 민간인이 더 많이 희생된다는 것을 알 수 있다.

풀이 이 글은 한국전쟁이라는 특수한 내전의 특징을 내전 일반의 성격으로 규정함으로써 성급한 일반화의 오류를 범하고 있다.

예제 7.4

다음 글의 오류를 지적하고 그 근거를 밝혀라.

모든 현상은 자연적 인과관계와 역학적 법칙으로 설명된다. 인간은 자연의 일부이고, 따라서 인간의 행위 역시 자연의 법칙에 따라 기계론적으로 완전히 결정되며, 인간에게 자유의지란 없다.

풀이 인간은 자연의 일부이나, 정신적 존재라는 점에서 산이나 물 같은 여느 자연과는 분명히 다르다. 그럼에도 위의 글은 보통의 자연적 존재들에게서 통용되는 기계론을 특별한 존재인 인간에게도 적용함으로써 우연의 오류를 범하고 있다.

3 거짓 원인의 오류

이것은 원인과 결과를 표방하는 전제와 결론이 실제로는 인과관계가 아니라 단지 시간적 선후관계에 의해 연결될 때 발생하는 오류이다. 누군가가 "모든 것이 노 대통령의 탓이다. 이천에서 일어난 화재도 태안에서 일어난 기름유출 사고도 모두 노 씨가 대통령이 되었기 때문이다."라고 주장한다면 그는 거짓 원인의 오류를 범하는 것이다. 노 변호사가 대통령이 된 것은 이천에서의 화재 사건이나 태안에서의 기름유출 사고보다 시간적으로 앞서 발생한 사건일 뿐 이 두 사건의 실제 원인이라고는 할 수 없기 때문이다.

예제 7.5

다음 글의 오류를 지적하고 그 근거를 밝혀라.

날씨와 여성 살인사건과의 관계를 조사한 여러 통계를 보면, 비가 오는 날씨에 많은 여성이 살해되었고, 날씨가 맑으면 여성 살인사건이 비교적 뜸했다. 따라서 여성 살인을 없애려면, 비오는 날 부녀자들은 외부 출입을 삼가고, 경찰은 여성보호를 위한 순찰을 강화해야 한다.

풀이 위의 글은 단순한 상관관계를 인과관계로 오해하는 거짓 원인의 오류를 범하고 있다.

4 애매어의 오류

논증에 사용된 애매한 말 때문에 발생하는 오류를 '애매어의 오류'라고 한다. 한 단어의 여러 가지 다른 의미를 분명하게 구분하면 이러한 오류가 발생하지 않겠지만, 여러 의미를 혼동하여 같은 맥락에서 다른 뜻으로 사용한다면 애매어의 오류를 범하게 된다. 우스갯소리이긴 하지만, "저 친구 너무 싱거워서 소금 한 됫박은 먹여야겠다."는 말은 '음식 등이 짜지 않다'와 '행동 등이 멋쩍다'를 혼동하여 같은 뜻으로 사용한 애매어의 오류를 범한 말이다.

예제 7.6

다음 글의 오류를 지적하고 그 근거를 밝혀라.

한때 인기리에 방영된 텔레비전 드라마 〈해를 품은 달〉은 달이 해를 품는 것을 보여준다. 그러므로 그것은 달이 태양과 지구 사이에 위치하여 태양을 가리는 일식현상을 설명한다고 볼 수 있다.

풀이 〈해를 품은 달〉에서 해와 달은 각각 왕과 무녀를 가리키는 것으로서, 일식현상에서의 일월(日月)과 다르다. 따라서 윗글은 애매어의 오류를 범하고 있다.

연습문제

1. 아래의 글들이 범하고 있는 오류는 무엇인가?

1.1 여당의 어느 대권주자가 한국자유총연맹 회원 산행 및 '세종로 국정포럼' 특강 등에서 북한의 새로운 통치자 김정은에 대해 "스물아홉 살에 아비 잘 만나 3대 세습 최고 권력자가 된 구상유취(口尙乳臭)의 어린애가 인민을 굶겨죽이고 수용소로 보내는, 밥도 못 먹는 나라를 잘 이끌겠느냐?"고 비난했다고 한다. 반란을 일으킨 위왕(魏王)의 장수 백직(柏直)을 꾸짖는 한고조 유방의 위엄을 느끼게 하는 말이긴 하나, 논리적으로는 결함이 있는 주장이다. 이 글은 무슨 오류를 범하고 있는가?

1.2 서울 강남 소재 고등학교 졸업생들의 명문대 진학률이 3년 연속 전국 1위를 달리자, 강남의 부동산업자들은 "당신의 자제가 명문대에 진학하기를 바란다면 주저하지 말고 지금 당장 강남

으로 이사해야 한다."고 선전한다. 이들이 범하고 있는 오류는?

1.3 나는 최근 한 온라인 커뮤니티 게시판에 게재된 504번 버스기사의 선행 동영상을 보고 깊은 감동을 받았다. 공개된 영상에는 지난 18일 504번 버스기사가 버스를 잠시 멈추고 거동이 불편한 노인을 업어 버스정류장에 내려주는 모습이 담겨 있었다. 이 영상을 접한 많은 네티즌들은 "504번 버스기사님 최고예요.", "훈훈한 감동이에요.", "504번 버스기사님 행복하세요." 등의 반응을 보였다. 나 역시 마음속으로 그 버스기사를 칭송하면서 이런 생각을 하게 되었다. 역시 버스기사는 큰 차를 모는지라 작은 차를 모든 영업용 택시 운전사나 자가용 승용차를 모는 여느 자가 운전자와는 다르구나. 그들은 모는 차가 크기에 마음도 크고 넓은 것 같았다.

1.4 과거 군 미필의 어떤 여당 대표가 보온병을 들고는 포탄이라고 하여 온 국민의 놀림감이 된 적이 있었다. 그 일이 있고 얼마 지나지도 않았는데, 이번에는 여당의 어떤 여성 의원이 "안보는 산소다."라며 국방전문가를 자처하고 있다. 이명박 정권의 F-35 사전 밀약설의 문제를 제기하는가 하면, 국정감사에서 사병들 비품 문제도 많이 거론하고, 군 발전에 관한 제안이나 충고도 서슴지 않는다. 그러나 군대 경험이 전혀 없는 그녀의 견해는 군 미필자의 특징을 어김없이 보여준다.

1.5 이 세상에 존재하는 것은 궁극적으로 모두 물질적인 것들로서, 자연과학적으로 기술되고 규정되는 것이다. 그러므로 세계의 모든 사상(事象)은 물질의 역학적 운동으로 환원될 수 있어야 한다. 그런데 이 원리가 무생물의 물체뿐만 아니라, 살아 있는 인간에게까지 적용되어야 한다는 점을 고려하면 인간의 자유의지란 그야말로 터무니없는 것이라고 아니할 수 없다. 우리의 생각과 느낌과 행동이 모두 우리 내부 및 주변 물질의 작용에서 필연적으로 기인한 것일진대 자유의지가 가당키나 한가. 바람을 맞은 나무가 자유의지나 자신의 의지로 가지를 흔들지 않듯 우리의 행동 역시 자유의지에 의한 선택이 아니다.

2. 다음은 1984년 12월 29일자 「뉴욕타임스」 지에 실린 스탠리 스콧의 글이다. 잘 읽고 애매어의 오류를 범한 부분을 찾아 지적하라.

부당한 대우를 받고 있는 흡연자들

시민법, 투표법 등 많은 차별금지 법들이 있음에도 수백만의 미국인들이 아직도 버스나 기차, 비행기를 타면 뒷좌석에 앉아야 한다. 공공장소에서는 더 많은 사람들이 격리당하는 일이 비일비재하다. 어떤 사람들은 세를 얻을 수 없거나 취업이 안 되기도 한다. 경종을 울리려는 대중적 적개심의 희생물인 셈인데, 그 정도라면 아직 사회적으로 수용할 수도 있다.

이러한 새로운 형태의 차별은 흡연에 기초한 것이다. 만약 당신이 우연히 담배를 즐기게 되었다면 당신은 맹렬한 비흡연자들과 자기들 이외의 사람들에게 자신들의 신념을 강요하는 법률 집행자들의 잠재적 공격 목표가 된다.

사람들이 담배라는 걸 피우기 시작한 이래로 흡연자와 비흡연자들은 보통의 예의와 상식을 사용하며 함께 살아올 수 있었다. 그러나 이제 더 이상은 그렇지 않다. 오늘날 흡연자들은 언제 어디서 담배를 피울 수 있는지를 규정하는, 사실상 강요할 수 없는 그런 법을 참고 따라야 한다. 그 법은 비흡연자의 권리를 보호한다기보다는 흡연 자체를 막는 법이다. 그보다 훨씬 더 나쁜 것은 일반적으로 알려진 책임 있는 공익단체들이 흡연자 괴롭히기를 장려하고 있다는 것이다.

일례로 금년 전국 암퇴치협회는 일반인들로 하여금 흡연자들을 가스총으로 공격하고 나팔을 불어대며 커다란 물총을 쏘아대고, 심지어 그들의 화형식까지 시연하도록 고무하는 프로그램을 진행하고 있다.

무해한 재미라고? 전혀 그렇지 않다. 전국의 경찰 사건기록부에 등장하는 이런 사례를 살펴보자.

뉴욕 시 어느 식당에서 친구들과 축하연을 벌이던 젊은이는 얼굴에 에어로졸 분사 세례를 받았다. 담배에 불을 붙인 것이 죄였다. 가해자는 한 흡연 반대 투쟁집단의 우두머리로, 그의 목표는 흡연자의 얼굴에 분사하는 데 200만의 열성분자들을 동원하는 것이었다.

시애틀 시 교외 어느 약국에서는 처방을 기다리던 한 남자가 담배를 피우다가 나이 많은 한 고객으로부터 총을 들이대며 담뱃불을 끄라는 명령을 받았다.

로스앤젤레스에서는 23세의 젊은이가 버스에서 담뱃불을 붙이는 것을 한 승객이 저지하였는데, 그 청년이 아랑곳하지 않고 계속 피우자 저지하던 그 사람은 이 청년을 칼로 찔러 중상을 입혔다.

브롱크스의 지하철에서 흡연이 발단이 된 총격 끝에 한 수송경찰이 휴대하고 있던 총으로 한 사람을 쏘아 치명상을 입혔다.

오늘날 5,000만이 넘는 미국 흡연자들의 기본 자유가 위협받고 있다. 어떤 개인적 행동이 당장 내일이라도 사회적으로 거부당하고, 법적 제지를 받으며, 또한 대중의 조롱감이 될지 누가 알겠는가? 대중교통을 이용하지 않고 자가운전으로 여행하는 것이 안전하지 않다고 하여 사회공학자들의 연구과제에 오르지나 않을까? 아이스크림과 케이크, 과자는 비만을 초래하므로 사회적으로 용인될 수 없게 되지는 않을까? 스카이다이빙, 암벽 타기, 스키, 또 격투운동은 어떻게 될까? 이런 것들이 얼마만큼이나 펴지도록 허락할 것인가?

미국 시민 모두 스스로에게 물어야 할 질문은 이것이다. 인종, 종교, 성별 등에 근거한 편견을 없애기 위해 그토록 용감하게 투쟁해온 한 나라가 거대한 시민집단 사이에 새로운 형태의 적개심을 조장할 새로운 구별을 허용할 수 있는가?

어디에 근거한 것이든 간에 결국 차별은 차별이다.

8장

논증에서 범하기 쉬운 오류들 2

1 약한 유비의 오류

2 논점 일탈의 오류

3 허수아비 때리는 논증의 오류

4 원천봉쇄의 오류(우물에 독 뿌리기)

5 거짓 이분법(흑백논리)의 오류

6 선결문제 요구의 오류

1 약한 유비의 오류

이 책 5장 3절에서 언급한 대로 유비논증의 논증력은 비유되는 두 사물 또는 현상 사이의 유사성에 의해 좌우된다. 약한 유비의 오류란 이 유사성이 부족하여 전제가 결론을 충분히 뒷받침하지 못하는 유비논증에서 발생하는 오류이다.

예제 8.1

다음 논증을 분석하고 평가하라.

벌은 자신의 집을 지키기 위해 목숨을 버리기까지 한다. 그래야만 자신의 여왕과 자신의 사회를 지킬 수 있기 때문이다. 사람도 마찬가지로 자신의 사회와 군주를 위해 목숨을 버릴 줄 알아야 한다.

풀이 벌이 집을 지키기 위해 죽는 것과 사람이 사회와 군주를 위해 죽는 것 사이에는 유사성이 없다. 벌이 자신의 집을 지키기 위해 죽는 것은 단순히 본능적인 행위일 뿐 사회와 군주를 위한 의식적인 행위라고 보기는 어렵다.

2 논점 일탈의 오류

오래전 어느 대학교 면접시험장에서 있었던 일이다. 면접관이 구두로 몇 개의 논술 문제를 묻고 수험생 역시 구두로 대답하는 면접시험을 진행하던 때였는데, 시험문제 중에 '흡연 수험생 감점제에 대한 자신의 견해를 밝히고 그 근거를 제시해보라.'는 문제가 있었다. 온갖 수단으로도 중·고등학생들의 흡연을 막지 못하자, 대학입시에 대한 그들의 지대한 관심을 이용하여 금연의 목표를 이루고자 담배를 피우는 수험생들에게 입학시험에서 불이익을 주려고 하는데, 이에 대해 어떻게 생각하는지를 묻는 문제였다. 이 문제에 대한 학생들의 대답은 거의 대부분 흡연은 나쁘다는 것이었다. 학생의 십중팔구는 흡연은 자신의 건강은 물론 주위 사람들의 건강도 해치므로 건강상으로는 물론이고 도덕적으로도 매우 나쁘다고 대답했다. 그러나 그들의 이러한 대답은 질문이 요구하는 대답과는 거리가 먼 것이다. 면접관은 담배를 피운다는 이유로 대학 입시에서 점수를 깎는 제도에 대한 견해를 물었으나, 학생들은 흡연 자체에 관해 말했기 때문이다. 면접관의 요구는 논증의 관점에서 보면, 흡연학생의 점수를 깎는 입시제도에 대한 찬성 또는 반대를 결론으로 하고 그 결론에 대한 전제를, 다시 말해서 찬성한다면 찬성하는 근거를 또 반대한다면 반대하는 근거를 제시하는 논증을 구성해보라는 것이었다. 그러므로 학생들의 대답은 '여차여차한 근거로 흡연자 감점제도에 찬성한다든가 또는 흡연자 감점제도는 올바르지 못한데 그 이유는 여차여차하다'가 되었어야 한다. 그러나 학생들은 흡연이 나쁘다는 결론을 뒷받침하는 논증을 하고 있었던 것인데, 이처럼 주어진 논제와 다른 논제를 혼동함으로써 원래의 논점에서 벗어나서 논증하는 잘못을 '논점 일탈의 오류'라고 한다.

예제 8.2

다음 글의 오류를 지적하고 그 근거를 밝혀라.

어느 대기업 회장의 말이다. "나는 수감 중인 기업인들에 대해서도 일반 죄수와 차별 없는 가석방이 이루어져야 한다는 데 전적으로 동의한다. 그러나 거듭 말하지만, 우리의 대기업은 해외의 유수 기업과 국제 시장에서 경쟁해야 하는 만큼 대기업의 총수가 조그만 골목상권을 넘봐서는 안 된다."

풀이 기업인이라고 해서 가석방에서 차별을 받아서는 안 된다는 결론을 향해 논증이 진행되어야 하는데, 그쪽으로 가지 않고 다른 방향으로(대기업 총수가 골목상권을 넘봐서는 안 된다는 쪽으로) 가고 있으므로 위의 논증은 논점 일탈의 오류를 범하고 있다.

3 허수아비 때리는 논증의 오류

상대(논적)의 주장을 실제 사람에 비유한다면, 논자의 오해에서 비롯된 유사 주장은 허수아비에 비유될 수 있다. 허수아비 때리는 논증의 오류는 논자가 상대의 주장을 그것과 유사한 다른 주장으로 오해하여 공격하고 상대의 주장을 논파했다고 호언하는 오류이다.

예제 8.3

다음 글의 오류를 지적하고 그 근거를 밝혀라.

아직도 유교사상은 우리의 사고와 행동에 많은 영향을 미치고 있지만, 그것이 내세우는 윤리강령은 불합리하거나 허무맹랑하기 짝이 없다. 이른바 '장유유서'만 하더라도 그렇다. 연장자를 '단지 나이가 많다는 이유로' 무조건적으로 존경해야 한다니 이것이 도대체 말이나 되는가!

풀이 위에서 논자는 '장유유서'를 단지 나이가 많다는 이유로 무조건적으로 존경해야 하는 유교의 윤리규범으로 오해하고 그것이 불합리하다고 비판함으로써 유교 오륜의 하나를 논파했다고 착각하는 허수아비 때리는 논증의 오류를 범하고 있다.

4 원천봉쇄의 오류(우물에 독 뿌리기)

원천봉쇄의 오류는 논자가 자신의 주장에 대한 합당한 근거를 제시하는 대신 그 주장의 반론을 원천적으로 봉쇄할 때 범하는 오류이다. 예들 들어, “청년 실업 등의 경제현안을 해결하기 위해서는 무엇보다도 수출을 늘려야 한다. 대한민국 국민으로서 수출증대에 반대하는 것은 있을 수 없는 일이다.”라고 주장하는 수출지상주의자는 어째서 수출증대가 경제현안을 해결하는 최선책인지는 말하지 않고, 자신의 주장에 대한 반론만 (원천적으로) 봉쇄하려고 하는데, 이것이 자신의 주장에 대한 정당화를 비판봉쇄와 혼동하는 원천봉쇄의 오류이다.

예제 8.4

다음 글의 오류를 지적하고 그 근거를 밝혀라.

고 박정희 대통령에 대한 여러 가지 비난이 꾸준히 제기되는데, 이것은 옳지 못한 일이다. 그는 아사의 보릿고개로부터 우리 민족을 구한 영웅이다. 우리가 그 덕분에 이러한 경제적 풍요를 누리는 한, 양심이 있는 사람이라면 누구도 어떤 형태로도 그를 비난할 수는 없다. 생전의 그의 말대로 생존에 우선하는 가치는 없기 때문이다.

풀이 위의 글은 박정희 대통령의 경제적 치적을 앞세워 그에 대한 비난을 원천봉쇄하므로 우물에 독 뿌리는 오류를 범하고 있다.

5 거짓 이분법(흑백논리)의 오류

논자가 논증에서 어떤 것을 혼동할 때만 오류가 발생하는 것은 아니다, 전제에 잘못된 견해나 진위가 확실하게 정해지지 않은 가정이 명시적으로 또는 암암리에 포함되어 있을 때도 오류가 발생한다. 거짓 이분법의 오류는 사실상 세 개 이상의 주장이 가능함에도 논자가 자신의 주장 이외에 단 하나의 주장만 가능하다는 그릇된 견해를 가지고, 그 다른 주장이 터무니없기 때문에 자신의 주장이 옳다고 논증할 때 범하는 오류이다.

예제 8.5

다음 글의 오류를 지적하고 그 근거를 밝혀라.

그가 과거에 많이 배운 사람이란 것은 틀림없지만, 그의 행색, 씀씀이, 생활방식 등으로 미루어 유산계급은 아닌 것 같다. 따라서 그는 우리와 다름없는 무산계급의 서민이고, 그래서 나는 그에게 강한 동질감을 느낀다.

풀이 재산을 가진 정도로 계층을 분류하면, 우리 사회에는 유산계급과 중산층 그리고 무산계급의 세 계층이 있건만, 위의 논자는 유산계급과 무산계급의 존재만을 전제함으로써 거짓 이분법의 오류를 범하고 있다.

6 선결문제 요구의 오류

선결문제 요구의 오류 또한 그 원인이 잘못된 전제 설정에 있다. 이 오류는 진위가 확실하게 판명되지 않은 가정을 전제하거나, 주장하는 명제와 내용상 동일한 명제를 전제로 제시함으로써 발생한다. 합당한 근거를 제시하는 대신 문제가 있는 전제를 가정하는 부당 전제의 오류나 결론 같은 내용의 전제를 내놓아 결론을 반복하는 순환논증의 오류는 모두 먼저 문제가 된 것(문제 있는 전제 또는 결론과 내용이 같은 전제)을 증명하여 해결하지 않고 전제한다는 점에서 선결문제 요구의 오류를 범하고 있다고 볼 수 있다.[1]

---

1 선결문제 요구의 오류는 앞서 논의된 오류들과는 달리, 무엇을 혼동하기 때문이 아니라 전제의 진위가 불확실한 가정을 포함하기 때문에 발생하는 오류이다. 진위가 확실하게 결정되지 않은 가정이 전제에 포함되어 있기 때문에

예를 들어, 누군가 "미인대회는 폐지되어야 한다. 여성에 대한 품평회는 인간의 존엄을 해치기 때문이다."라고 주장한다면, 그는 미인대회가 여성에 대한 품평회라는 문제 있는 가정을 함으로써 선결문제 요구의 오류를 범했다고 할 것이다. 또, "어린이 성범죄는 중형으로 다스려야 한다. 왜냐하면 누구든 그렇게 파렴치하고 비인간적인 죄를 지으면 중형에 처하는 것이 적절하기 때문이다."라는 논증은 논증하려는 명제 자체(어린이 성범죄는 중형이 마땅하다)를 논증의 전제(어린이 성범죄자는 중형에 처해야 한다)로 삼았기 때문에 선결문제 요구의 오류를 범한 것이 된다.

주어진 전제로 결론의 정당성을 밝힐 수 없게 된다.

예제 8.6

다음 글의 오류를 지적하고 그 근거를 밝혀라.

혁명의 성패는 혁명 지도부의 리더십에 달려 있다는 것은 4.19와 5.16을 비교해보면 잘 알 수 있다. 거사 이후 국가를 이끌어갈 뚜렷한 리더를 갖지 못했던 4.19가 미완의 혁명으로 막을 내린 반면, 5.16은 박정희라는 강력한 리더가 있었기 때문에 비약적인 경제발전을 이루어 "절망과 기아선상에서 허덕이는 민생고 해결"이라는 혁명의 목적을 훌륭하게 달성할 수 있었다.

풀이 위의 글은 과연 혁명이라고 볼 수 있는 것인지 논란이 많은 5.16을 처음부터 혁명이라고 가정했으므로 선결문제 요구의 오류를 범했다고 볼 수 있다.

예제 8.7

다음 글의 오류를 지적하고 그 근거를 밝혀라.

강원도 정선에 천 년에 한 번 볼 수 있다는 흰 까마귀 떼가 나타났다고 그 일대가 떠들썩하다. 그러나 흰 까마귀 같은 것은 없다. 왜냐하면 그런 새는 사실상 까마귀가 아니기 때문이다.

풀이 이 글은 흰 까마귀는 존재하지 않는다고 주장하면서 (강원도 정선에 나타난 것과 같은) 흰 까마귀는 까마귀가 아니라는 것, 다시 말해 흰색의 까마귀는 없다는 것을 그 근거로 내세우므로 선결문제 요구의 오류 중에서도 순환논증의 오류를 범한다고 볼 수 있다.

연습문제

1. 아래의 글에서 범한 오류를 지적하라.

1.1 '진보진영'의 많은 인사들은 여전히 DJ정권 시절에 만들어진 기본적 대북정책인 이른바 '햇볕정책'이 부활해야 한다고 주장하지만, 나는 이에 강력히 반대한다. 한마디로 말해 햇볕정책은 완전히 폐기되어야 할, 과거 정권의 낡은 유물에 불과하다. 햇볕정책이란 무엇인가? 결국 북한의 세습정권 공고화, 핵무기 개발 및 군사력 증강을 경제적으로 지원해주기 위한 정책이 아닌가?

1.2 이렇게 말하는 사람들이 있다. "비리가 없는 정치인은 없다. 오죽하면 정치인은 교도소 담장 위를 걷는다는 말까지 나왔겠는가. 비록 비리의 크기와 종류 그리고 비리를 저지르게 되는 사정은 정치인마다 다를지라도 조직과 사무실을 가동하여 당선되기 위해서는 부정한 돈이라도 받을 수밖에 없다. 돈 받아먹다

걸리면 담장 안이고, 다행히 안 걸리면 담장 밖이다."

1.3 자신이 진보 성향이라고 수차례 밝힌 그 교수는 진보라는 말로 자신을 포장하는, 이른바 '패션 좌파'일 뿐이다. 왜냐하면 우리나라에서 자신이 진보라고 주장하는 사람들이란 기실 종북 세력 아니면 패션 좌파인데, 그 교수는 북한 정권에 대해선 줄곧 비판적인 입장을 견지해왔기 때문이다.

1.4 교회는 일반인과 하나님을 연결시켜주는 매체이다. 그러므로 하나님의 구원의 백성이 되기 위해, 또 하나님의 일에 참여하는 영광스러운 하나님의 자녀가 되기 위해 반드시 교회에 다녀야 한다. 신앙인이라면 누구도 교회의 존재를 부정할 수 없다. 교회는 하나님이 강림하시는 곳이므로 교회를 부정하는 것은 하나님을 부정하는 것이며, 신앙 자체를 부정하는 것이기 때문이다.

2. 다음은 얼마 전 인기리에 방영되었던 TV 드라마 〈각시탈〉에서 종로경찰서 형사 이강토와 항일활동을 하다가 체포된 독립군 담사리와의 대화 내용이다. 다음의 대화에서 담사리는 어떤 오류를 범하고 있는가?

이강토 (피투성이가 된 담사리에게 묻는다.) 우리 형처럼, 당신처럼 그리고 나처럼 이렇게 산다고 세상이 바뀌겠습니까? 대일본제국이 조선도 모자라 만주땅까지 먹을 거라고 하는데 계란으로 바위치기 아닙니까?

담사리 물론 무모해보이겠지. 계란 껍데기 그 까짓 거 바위 모퉁

이에 맞으면 그냥 깨져버리겠지. 하지만 바위는 아무리 강해도 죽은 것이고 계란은 아무리 약해도 산 것이다. 바위는 세월이 가면 부서져 모래가 되겠지만 언젠가 그 모래를 밟고 계란 속에서 깨어나는 병아리가 있을 것일세.

3. 다음 칼럼을 잘 읽고 유비논증을 찾아 지적하고, 그것의 논증력 내지 설득력을 평가하라.

'월가(街)의 상어'가 준 선물

미국의 옐로스톤 국립공원 이야기. 오랫동안 그곳에선 늑대가 사슴을 잡아먹는 포식자(捕食者)였다. 미국정부는 가엾은 사슴을 잡아먹는 악당들을 그냥 놔둘 수 없었다. 그래서 돈을 들여 늑대 박멸 작전에 나섰다. 자연의 포식자가 오히려 생태계를 균형 있게 유지시켜준다는 학자들의 연구가 나오기 전인 20세기 초의 일이다. 옐로스톤 국립공원에서 늑대가 사라지자, 초식동물인 사슴이 한없이 늘어나 이번에는 초원의 풀이 남아나질 못했다. 생태계를 파괴해 버린 것이다. 미국정부는 90년대 들어 옐로스톤에 다시 늑대를 풀어놓기 시작했는데, 늑대의 개체수가 아직 충분치 않음에도 불구하고 사슴이 줄어들고 생태계가 급속히 복원되고 있다고 한다. 학자들의 연구에 의하면, 자연의 포식자는 눈에 자주 띄는 번식력 강한 동물을 먹어 치운다. 덕분에 그보다 약한 종(種)들이 살아남을 수 있게 되어 자연 생태계의 조화가 유지된다는 것이다.

칼 아이칸. 그는 세계의 기업인들이 두려워하는 뉴욕 월가(街)의

'기업사냥꾼'이다. 그는 돈이 될 만한 맛있는 기업을 골라 주식을 집중 매수하여 갖가지 방법으로 주가를 올려놓은 뒤 한몫 크게 챙기고 손을 터는 수법을 쓴다.

아이칸이 이번에 KT&G 경영권을 적대적으로 공략했을 때, 그는 지배구조가 우수하고 선량하기 짝이 없는 기업을 잡아먹으려는 악독한 포식자로 비쳤다. 다른 기업도 아니고 우리 민족의 정체성과도 같은 인삼을 만드는 회사를 집어삼키려 해? 정말 에티켓도 없는 나쁜 사람들이네. 게다가 단물만 빨아먹고 튈 사람들 아닌가. 이런 정서가 이 땅에 팽배했다.

그러나 '월스트리트의 상어'가 서울에서 한바탕 소란을 피운 덕분에 그동안 허리띠를 풀어놓고 잠자던 기업과 정부에 비상벨을 울릴 수 있었다. 마치 같은 그물 속의 작은 상어 때문에 참치들이 긴장하는 것처럼 기업들은 경영권 방어에 정신을 바짝 차리게 되었고, 아직도 머릿속에 철조망 경제국경(國境)이 남아 있던 정부 관리들은 불합리한 우리의 제도를 돌아보게 되었다. 국내 대기업의 팔다리를 묶어놓고 있던 출자총액제한제도나 산업자본의 금융업 지분제한 같은 국내제도의 문제점이 너무도 명백하게 노출됐다. 만약 이번에 국내 기업관련제도가 발전적으로 바뀌게 된다면, 기업의 세계에서 포식자의 역할에 대해 다시 한 번 음미해보는 계기가 될 것이다.

「포천」 지(誌)가 뽑은 세계 500대 기업에 들어가는 한국 대기업은 11개뿐이다. 이것은 한국 기업을 공격할 외국의 잠재적 포식자들이 많다는 것을 의미한다. 한국에서 제일 센 이들마저도 순자산의 25% 이상을 타 회사에 출자할 수 없는 규정에 걸려 계열사들이 외래종에 경영권이 넘어가도 구경밖에 할 수 없는 처지다.

세계에 둘도 없는 출자제한제도가 생긴 것은 경제국경이 높게 세워져 있던 시절이었다. 지금은 국경을 넘는 적대적 기업인수합병이 세계에서 매일같이 벌어진다. 곳곳에서 애국주의, 민족주의가 방해하기도 하지만, 근본적인 흐름은 막기 어렵다. 앞으로 한국의 내기업들이 정부 규제로 꽁꽁 묶인 불공평한 상대에서 외국 포식자의 먹잇감이 된다면, 생태계가 깨지듯이 국내기업의 질서와 균형은 무너지고 말 것이다.

우리나라에서 적대적 기업인수를 하려는 포식자가 외국의 경쟁기업이 아니라, 헤지펀드나 사모펀드인 것은 문제다. 사모펀드는 대개 짧게는 3년, 길게는 5년 정도 주식을 갖고 있다가 기업가치가 오르면 미련 없이 팔아버린다. 그들은 기업의 먼 미래를 생각하지 않는다. 외환은행을 매각하는 론스타가 그렇다. 고용창출에도 큰 도움이 안 된다. 그러나 세계적으로 경쟁력 있는 기업이 들어와 국내 동종기업을 인수한다면 비록 그것이 적대적 인수였다 해도 시비 걸 이유가 없다. 비싼 돈 주고 산 우리 기업을 장기적으로 경쟁력 있는 기업으로 키우지 않을 수 없을 테니까. 영국에서는 1996년부터 지난달까지 모두 26개의 큰 기업이 외국 기업에 넘어갔다. 모두 적대적 인수합병 케이스다. 그중에는 180년 역사의 유리회사가 일본 회사에 넘어간 것도 있다. 영국인들은 길게 보고 성공하기 위해 영국기업을 매입하려는 외국기업에 대해 전혀 걱정을 안 하는 모습이다.

– 변용식, 조선일보, 2006년 3월 23일자

4. 아래의 글은 어떤 고교 논술대회에 참가했던 최경수 학생의 논술문이다. 잘 읽고 선결문제 요구의 오류를 범한 부분을 찾아 지적하라.

참여정부의 문제점과 해결방안

최근 북한이 체제유지를 위해 국제사회에 무력시위를 하는 것에 대항하여 일본은 자국보호를 명분으로 군사대국화의 꿈을 실현시키려 노력하고 있다. 이러한 상황에서 참여정부는 냉철한 판단을 통하여 세계평화를 이룩하여야 하지만 북한의 무력행위에 대해서는 소극적인 정책을 취하는 반면 일본에 대해서만큼은 너무나도 거센 비판을 하고 있다. 이러한 정책적 오류로 인하여 한반도의 위기가 더욱더 심화되었다는 시각도 있다. 과연 정부는 역사라는 것을 어떻게 인식하고, 또 어떻게 활용해야 제대로 된 정책을 펼 수 있을까?

역사라는 것은 과거의 객관적 사실 그대로를 설명해주지 못한다. 역사를 기록하는 역사가의 시대, 환경 등을 반영하여 기술될 수밖에 없다. 지배세력 또는 영향력이 큰 집단에 의해 서술된 역사서가 현재의 사람들에게 영향을 끼쳐 태도, 가치관 등을 결정하게 된다. 이렇게 결정된 사람들에 의하여 운영되고 있는 정부 또한 예외일 수는 없다. 조선사를 살펴보면 소(小)중화의식과 부정적인 일본의 모습이 주로 기록되어 있다. 그리고 일본에 의하여 왜곡된 역사서들에는 한민족의 주체적 의식이 결여되어 있고 또한 서로를 동정의 대상으로 바라보도록 쓰여 있다.

이러한 단적인 한국사만 알고 정책을 펼치기에는 다소 무리가 있다. 게다가 다른 나라의 역사를 고려하지 않고, 문화를 고려하지 않은 상태에서의 접근 또한 자칫 큰 실수를 야기할 수 있다. 이에 우리는 어떻게 대처해야 하는가? 우선은 국민의 역사적 인식부터 고쳐야 할 필요가 있다. 현재 국민의 대다수는 잘못된 역사관을 가지고 있어 국제정세에 능동적인 대처가 잘되지 않는 상황이다. 뿌리가 튼튼하지 않으면 안 되듯이 지금 이 상태가 계속된다면 사회 혼란만 가중되어 정책결정을 그르칠 수도 있다. 그다음에 해야 할 것이 철학, 역사가의 양성이다. 요즘 한국사회는 취업전쟁으로 인하여 뛰어난 인재들이 인문학에 관심을 가지지 않는 것이 사실이다. 이런 현상이 지속될 경우 현명한 정책결정이 제대로 되지 않을 뿐만이 아니라 외교전쟁에서도 살아남기 어려운 것이 사실이다. 이렇게 하기에는 엄청난 시간과 비용이 드는 것은 불가피하지만 장기적으로 볼 때는 국가, 세계의 번영에 도움이 된다.

하지만 이런 장기적인 대책만 가지고는 현상해결에 다소 무리가 있다. 현실 타개를 위해서는 지식인들을 포섭하고, 국제사회의 여론을 알아서 세계추세에 영합하는 길로 가는 것이 현명할 듯싶다. 그리고 북한에 대해서는 강경책과 회유책을 동시에 사용함은 물론 일본에 대해서는 적극적 회담과 국제여론 조성으로 군사대국화를 최대한 막아야 한다. 현재 상태만을 보고 급급한 정책도 중요하지만, 미래를 바라보는 정책 또한 우선적으로 실현되어야 한다.

9장

쌀인가, 공산품인가?

쌀은 공산품이 아닌 '풍토의 자식'

답사 때문에 농촌을 다니다 보면 우루과이라운드에 관한 얘기를 자주 듣게 된다.

그중에는 지식층을 불신하는 내용이 섞여 있어 명색이 나도 배운 사람인지라 뒤꼭지가 저릴 때가 많다. 불신의 내용은 여러 가지이다. 결국 지식인들은 우리를 막아주지 못할 것이며, 일단 봇물이 터지면 앞장서서 보를 틀 수밖에 없는 논리를 개발해내는 것도 그들이기 때문이란다.

아닌 게 아니라 친구들을 만나면 농촌 사람들의 지식층에 대한 냉소가 근거 없는 얘기가 아니라는 것을 실감할 때가 많다. 대부분 대학을 나오고 사회 중견으로 일하는 친구들이 쌀시장 개방 문제에 관해 말하는 내용을 듣다 보면 문제의 심각성을 제대로 이해하지 못하는 것은 물론이고 심지어는 개방 반대가 억지라는 생각까지 하고 있는 듯해서이다. 또 경제 전문가라는 사람 중에는 개방할 수밖에 없다는 주장을 펴는 것이 지금 시점에서는 지식인의 용기라고 믿는 사람도 적지 않은 모양이다. 한 가지 공통점은 그들 대부분이 요즈음의 농촌 현장에 거의 가보지 않았다는 점이다. 그들에게 농촌 현장 얘기를 하면 한결같이 하는 얘기가 자기도 농촌 출신이라는 것이다. 농촌 출신이면 뭐하는가. 언제 농촌을 떠났는지 생각한다면 그런 말은 하지 못할 것이다. 중학교에 올라가면서 떠난 고향에 명절 때나 가끔 가보고, 그것도 요즈음은 이런저런 핑계를 대어 빠지기 일쑤이며, 서울에서는 깨끗한 아파트에 살고 미끈한 차를 타고 다니며 흙 한번 제대로 밟아보지 않은 사람들이 어떻게 그런 강변을 할 수 있는지.

심지어는 도시의 빌딩숲이 푸르른 들판보다 아름답다는, 소위 '냉랭한 아름다움'을 거론하면서 농업도 빨리 공업처럼 기계화돼야 한다고 주장하는 사람까지 있다. 그들이 말하는 것은 농업기계화가 아니라 공장제 농업인 것이다. 한마디로 말이 나오지 않는다.

식량무기화는 걱정할 일이 아니라는 묘한 주장도 있다. 식량수출국은 언제나 농산물 과잉생산이 문제라 절대로 수출금지를 담보로 하지 못할 것이라는 논리인데, 글쎄 순진하다고나 해야 할까. 그들이 식량을 2~3년만 틀어쥐고 있어도 우리나라 사람 태반이 굶어죽게 될 것이다. 이것은 쌀시장이 개방되고 우리의 논밭이 그 기능을 상실했을 때의 얘기다. 그랬더니 논은 묵혀두었다가도 금방 다시 경작할 수 있다는 궤변을 늘어놓는다. 이미 농촌은 해체되고 논은 바싹 말라 황무지가 되었는데 누구를 불러다 언제 그것을 되살릴 수 있다는 것인가. 또 그놈의 기계만 투입하면 삽시간에 논을 부활시킬 수 있지 않느냐고 할지도 모르겠다. 국민 다수가 아사지경에 빠진 상태에서 그게 정말 가능하다고 생각하는가.

이제 풍수가의 생각을 들어보자. 풍수는 지리학이기 때문에 우선은 땅의 문제로부터 접근할 수밖에 없다. 위에서 말한 생각들은 결국 쌀 같은 농산물도 다른 공산품과 마찬가지로 상품으로만 인식하고 있다는 공통점을 갖는다. 풍수에서는 농업생산물, 특히 식량을 다른 상품들과 절대로 같지 않다고 생각하는 데서부터 풀어나간다. 텔레비전이니 자동차니 하는 공산품들은 풍토의 영향을 받지 않는다. 물론 과거에는 예컨대 면방직공업과 모직공업에 습도로 인한 입지 차이가 있었던 적도 있다.

그러나 지금은 그것이 어디서 만들어졌느냐 하는 땅의 문제가 중요한 것이 아니라 기술 · 노동 · 자본 · 정책 · 경제적 입지조건 같은 것들이 중요하다. 따라서 그런 상품들에 대하여 관세장벽을 없애고 자유무역을 하자는 논리는 필자가 그것을 좋아하건 싫어하건 간에 관세무역일반협정(GATT)에 가입해 있고 자유무역주의를 신봉하는 입장에서는 타당하다고 할 것이다. 하지만 땅의 성격과 그 기후풍토를 반영할 수밖에 없는 농작물의 경우는 그런 논리만으로는 결코 문제를 해결할 수 없다고 보는 것이 풍수가의 입장이다.

과학기술적 측면에서 보아 아무리 같은 품종의 씨앗을 쓰고 재배조건을 똑같게 했더라도 길러진 땅이 다르면 쌀은 결코 같은 것이 될 수 없다. 다른 작물의 경우에도 같은 얘기가 통용될 수 있다. 우리에게는 우리 땅에서 자란 곡식만이 제대로 된 곡기(穀氣)를 제공할 수 있다고 보는 것이 풍수가들의 생각이다.

만일 영양학적인 면에서 외국 쌀이 우리 쌀에 비하여 뒤질 것이 없다는 주장을 펴는 사람이 있다면, 그는 기능과 합리의 미신에 빠진 사람이라고 생각한다.

백 보를 양보하여 기술이 완벽하게 개발돼 모든 영양학적 조건들을 다 따질 수 있게 되었다 하더라도 음식에는 영양 이외에 원기(元氣)라는 것이 들어 있기 때문에 영양만으로 작물을 평가해서는 안 된다. 사람의 몸속에 들어가 육체적으로건 정신적으로건 그 사람의 사람됨을 좌우하는 음식물은 결코 기능이나 합리, 경제적 실리만을 근거로 평가할 수 없다는 것이다. 사람의 체질에는 차이가 있고 그에 따라 치료법도 달라져야 한다는 한의학의 학설이 지금은 비과학적인 속설로 받아들여지고 있지 않다는 사실을 상기해볼 일이다.

우리나라는 지난해 12월 말 제네바에서 열린 주요국 비공식회의에서 지극히 민감한 품목에 대해서는 특별예외를 요청할 수 있다는 내용의 문서를 둔켈 가트 사무총장에게 제출한 바 있고, 일본도 사활적 중요성이 있는 품목에 대해서는 관세화 예외를 인정해야 한다는 의견서를 냈다. 이때 특별예외라든가 관세화 예외를 주장하는 것은 서양인들이 자기들의 합리주의적 견해로 볼 때 받아들일 수 있는 내용이 못될 것이다. 말하자면 그들의 입장에서는 쌀 문제만은 예외로 하자는 것이 납득이 잘 안

되리라는 것이다.

풍수사상은 인간의 논리가 세태에 따라 바뀌어도 땅과 인간의 관계는 변함이 없다고 본다. 우루과이라운드 때문에 우리 땅을 변질시켜야 한다는 논리는 받아들이기 힘들다. 오히려 풍수는 그에 대한 저항논리를 땅의 논리로 뒷받침하자는 것이다. 쌀이 단순한 상품이 아니라 풍토의 자식이기 때문에 남의 나라 쌀을 먹으라는 것은 우리 민족에게는 마치 다른 나라 사람이 되거나 아니면 원기를 잃은 허풍선이가 되라는 말과 똑같다는 점을 강조해야 할 것이다. 예외를 구할 것이 아니라 우리에게 쌀 문제는 한민족으로서 살아갈 것이냐, 그것을 포기할 것이냐의 민족 존립에 관계된 일이라는 것을 그들에게 이해시켜야 할 것이라는 게 풍수사상의 주장이다.

– 최창조, 한겨레신문, 1993년 3월 14일자

물질과 정신의 이분법은 실로 오래된, 그래서 우리에게 매우 친숙한 분류법이다. 이 분류법에 따르면 삼라만상의 모든 존재는 물질적인 것과 정신적인 것으로 나뉜다. 물질적인 것은 생명이 없는 물건이다. 그것은 생명이 없기에 아무런 기운도 없고, 감정도, 욕구도, 의지도 없다. 그러나 가시적이다. 그러므로 그것에 대해서는 정량적 분석이 용이하고 기계적 처리가 가능하다. 그것은 시간과 공간의 차이에 따른 환경 변화에 영향을 받지 않고, 똑같은 방식으로 다루기만 하면 언제 어디서나 똑같은 결과를 내놓는다. 그러나 정신적인 것은 이와 정반대이다. 비록 눈에 보이지는 않지만, 그것에는 기운이 있고, 감정, 욕구, 의지 등의 작용이 있다. 그것은 물건과 달라서 쉽게 계량화할 수도 없고 기계적으로 다룰 수도 없다. 자동차는 언제 어디서나 같은 속도로 달릴 수 있지만, 마라토너는 어떤 심리적 불안을 겪으면 제 기록을 내지 못하고, 쌀 한 가마니는 두 가마니보다 두 배 더 무겁지만, 객관적 전력이 우세한 축구팀이 약세인 팀에게 패하는 경우도 종종 있다.

최창조 교수는 "쌀은 공산품이 아닌 '풍토의 자식'"이라는 글에서 농산물 시장 개방 압력에 직면한 약자인 농촌사람들과 농촌의 실정은 모르면서 '합리적' 사고만 내세워 농산물 시장개방의 불가피성을 강조하는 지식인들 사이에서 약자를 편들어 몰인정한 지식인들에게 반박하는 정의로운 캐릭터를 연출하고 있다. 아울러 그의 캐릭터는 문화재 훼손을 걱정하여 난개발에 반대하는 전통 수호론자 비슷한 모습도 띠고 있는데, 그것은 마지막 문단의 "한민족으로서 살아갈 것이냐, 그것을 포기할 것이냐"에서 그가 보여준 고어 표기에서도 잘 드러난다.

그런데 억강부약(抑強扶弱)하는 정의의 외침도, 민족의 정통성을 고수하려는 전통 수호론적 주장도 모두 위에서 언급한 물질과 정신의 이분법을 연상시킨다. '합리적' 지식인은 "쌀 같은 농산물도 다른 공산품과 마찬가지로 상품으로만 인식하고 있다". 그러나 풍수의 관점에서 보면 농업생산물, 특히 식량은 일반 공산품과는 달리 단순한 물건이 아니라 "영양 이외에 원기(元氣)라는 것이 들어 있는" 민족의 정신이다. 텔레비전이나 자동차는 물건이라서 원자재와 같다면 똑같은 기계설비와 생산 공정으로 언제든 어디에 있든 똑같은 것을 만들어낼 수 있다. 그러나 식량은 우리에게 민족혼을 주입하는 영적인 존재인지라 풍토에 영향을 받는데, 이것은 물건인 자동차는 사간 및 장소에 구애받지 않고 일정한 속도로 달릴 수 있지만 정신적 존재인 마라토너는 환경의 변화에 따른 심리적 요인의 변화로 일정하게 달리지 못하는 것과 같은 이치이다. 제네시스 자동차는 미국의 도로에서도 한국의 도로에서와 마찬가지로 달리지만, 미국 시민의 야유를 받으며 미국의 도로를 달리는 한국의 마라토너가 동포들의 열렬한 환호를 받으며 조국의 도로를 달리던 때의 속도를 내리라고 기대하기는 어렵다. 같은 이치에서 미국의 공장에서도 울산의 공장에서와 동일한 제품의 제네시스가 생산되지만, 풍토가 전혀 다른 미국의 땅에서 한국의 땅에서와 동일한 품질의 쌀이 생산되리라고 바랄 수는 없는 일이다.

쌀 속에는 영양분이라는 물질적 요소들로 환원될 수 없는 원기라는 정신적 요소가 들어 있어서 그것을 먹는 생산지 주민의 정체성을 결정한다. 그러므로 만약 미국 쌀을 먹는다면, 미국 사람이 되거나 "원기를 잃은 허풍선이"가 된다. 한국 사람은 오직 한국 쌀을 먹음으로써만 한국 사람일 수 있는 것이다. 이제 우루과이라운드로 쌀을 비롯한 농산물 시장 개방의 압력에 직면한 우리는 민족의 정체성을 유지하며 “한민족으로서 살아갈 것이냐, 그것을 포기할 것이냐”의 기로에 서 있다. 우리는 이 두 가지 중에서 하나를 선택해야 한다. 그런데 경제적인 이유로 민족의 정체성을 버릴 수는 없는 일이다. 그러므로 쌀은 관세화 예외 품목으로 인정하여 자유무역협정 대상에서 제외해야 한다.

이상과 같은 최창조 교수의 글은 논점이 분명하고 논의가 명쾌하며 주장이 뚜렷하여 글쓰기 교과서의 지문으로 매우 적합한 모범적인 논증문이다. 이 글은 쌀 시장 개방의 문제를 단순히 물질적이고 기계적인 합리성의 관점으로만 보지 않고, 민족의 정기 또는 정체성이라는 보다 정신적인 가치의 관점에서 생각해보도록 한다. 또 다른 한편으로, 그 문제에 대해 당장의 수출증가라는 근시안적인 입장에서 접근할 것이 아니라, 멀리 보고 식량주권 또는 식량안보라는 입장에서 대처해야 한다는 최 교수의 충정어린 권고도 느껴진다. 그러나 그의 논증에는 몇 가지 동의하기 어려운 점이 있다. 무엇보다 쌀은 단순한 물건이 아니라 풍토가 만들어낸 원기를 품고 있는 정신적 존재라서 쌀을 먹을 때 그것의 고유한 원기가 우리에게 공급되어 우리의 정체성이 확립된다는 주장이 가장 이해하기 어렵다. 각 지역의 쌀들이 모두 저마다 고유한 원기를 품고 있다는 말을 어떻게 믿을 수 있는가? 그 원기라는 것의 존재를 도대체 어떻게 확인한단 말인가? 최 교수는 이 의심스러운 전제를 정당화하지 않고 단순히 가정함으로써 선결문제 요구의 오류를 범한 것으로 생각된다. 또, "남의 나라 쌀을 먹으라는 것은 우리 민족에게는 마치 다른 나라 사람이 되라"는 "말과 똑같다"고 하니 그것은 한국 쌀을 먹어야 한국 사람이 된다는 것인데, 과연 우리가 한국 쌀을 먹었기 때문에 한국 사람이 된 것인가? 그보다는 한국 사람으로 한국에 태어났기 때문에 한국 쌀을 먹었던 것이 아닌가? 결국 최 교수는 이 대목에서 거짓 원인의 오류를 범하는 것으로밖에는 볼 수 없다.

최 교수는 글의 말미에서 우리 앞에 놓인 선택은 쌀 시장 개방을 거부하여 농민을 지키고 그들이 생산한 쌀의 원기를 받아 민족의 정체성을 유지할 것인지, 아니면 쌀 시장을 개방하여 농민을 죽이고 외국 쌀을 수입해 먹음으로써 외국인이 되어 우리의 정체성을 잃고 말든지 이 두 가지뿐이라고 주장한다. 그러나 쌀 시장을 개방한다고 해서 농민이 망하고 우리 쌀의 생산이 중단되는 것은 아니다. 정부가 공산품 수출로 얻은 이익의 일부를 쌀 농가에 지원하여 우리 쌀의 경쟁력을 키워주면 쌀 시장을 개방해도 우리는 우리 쌀을 먹고 그 '원기'를 받아 계속해서 한민족으로서 살아갈 수 있을 것이다. 이렇게 볼 때, 거짓 이분법의 오류를 하나 더 추가하지 않을 수 없다.

10장

인간 지성론[1]

1 이 글은 존 로크, 추영현 옮김, 『인간 지성론』, 서울: 동서문화사, 2011의 제2장 5~11절을 발췌한 것이다. 다만, 5절 끝에서 두 번째 문단의 마지막 문장에서 "(마찬가지로) 타고난 원리설에 반대하는 사람들도"는 상기 번역서의 "(하기야) 타고난 원리설을 주장하는 사람들은"을 수정한 것이다.

5) 어린이나 바보 등은 알고 있지 못하므로 마음에 자연적으로 각인되어 있지 않다.

무엇보다 아이들이나 백치는 명백히 이들 원리를 조금도 알지 못하고, 또 생각하지 않기 때문이다. 그리고 인지하지도 생각하지도 못한다는 것은 모든 타고난 진리에 꼭 수반되어야 할 보편적 동의가 없다는 것을 말한다. 영혼이 지각하지도 않고 이해하지도 않는 진리가 영혼에 각인되어 있다는 것은 모순이다. 각인하는 일에 무엇인가 의미 표시가 있다고 한다면, 어떤 진리를 지각할 수 있게 하는 일뿐이기 때문이다. 마음에 무엇인가를 각인하고도 이것을 지각하지 않는다는 것을 나는 도무지 이해할 수 없다. 그러므로 만약에 아이들이나 백치에게 영혼과 마음이 있고 이들 영혼이나 마음에 그러한 각인이 있다면, 아이들이나 백치는 싫어도 그 각인을 지각해야 하고, 이들 진리를 반드시 알고 그것에 동의할 수밖에 없다.

그러나 아이들이나 백치는 그렇지 않으므로 분명히 그러한 각인은 없는 것이다. 왜냐하면 자연히 각인된 생각이 아니라면 어떻게 타고난 것일 수 있으랴! 또 각인된 생각이라면 어떻게 알려지지 않을 수 있겠는가? 어떤 생각이 마음에 각인되어 있는데 마음이 이 생각을 알지 못하고 지금껏 지각한 일이 없다는 것은 이 각인은 없다는 사실을 잘 보여준다. 마음이 이제까지 알지 못했던 명제, 이제까지 의식하지 못했던 명제, 그러한 명제가 마음속에 있다고 할 수는 없다. 왜냐하면 만약 그러한 명제가 하나라도 마음속에 있다면, 같은 이유로 참[眞]인 명제로 마음이 언젠가는 동의할 수 있는 명제는 모두 마음속에 각인되어 있다고 말할 수 있기 때문이다. 마음이 여태껏 몰랐던 명제가 마음속에 있다고 한다면 그 이유는 다만 그러한 명제를 마음이 알 수 있기 때문이어야 하고, 따라서 마음은 이윽고 알게 될 일체의 진리를 알 수 있는 것이다. 그렇다면 마음이 결코 알 수 없었던 진리나 앞으로도 결코 아는 일이 없는 진리도 마음속에 각인되어 있어야 한다.

인간은 오래 살아도 결국은 자기 마음을 알 수 있고 그것도 절대 확실하게 알 수가 있었던 많은 진리를 모른 채 죽는 일이 있을 것이다. 그러므로 이를테면 아는 능력이 지금 문제가 되고 있는 자연의 인상이라고 한다면, 사람이 언젠가는 알게 될 모든 진리는 그것(언젠가는 알게 된다고 하는) 때문에 모두가 타고난 것이어야 한다. 그래서 (타고난 진리가 있다고 하는) 이 중요한 논점은 기껏해야 극히 부적절한 이야기에 지나지 않을 것이다. 그렇게 이야기한다는 것은 자칭 (타고난 원리를 부정하는 사람과) 반대를 주장한다고 타고난 원리를 부정하는 사람과 똑같은 말을 하고 있는 것이다. 왜냐하면 마음은 몇 가지 진리를 알 수 있었다는 것, 이것을 부정하는 사람은 이제까지 하나도 없었다고 나는 생각하기 때문이다. (마찬가지로) 타고난 원리설에 반대하는 사람들도 능력은 타고난 것이고, 지식은 획득되는 것이라고 말한다.

그렇다면 일정한 타고난 공준(公準)을 찾기 위해 이렇게 다투는 것은 무엇 때문인가? 만약에 진리를 몰라도 지성에 각인되어 있다고 한다면, 마음이 알 수 있는 진리 사이에 그 기원에 관해 있어야 할 (선천적 · 후천적) 차이를 나는 모르겠다. 진리는 모두 선천적이거나 후천적이어야 한다. 진리를 구별하려고 하는 사람은 헛수고를 하게 될 것이다. 그러므로 지성에 있는 선천적 사념에 대해 이야기하는 사람은 (그것으로 무엇인가 다른 종류의 진리를 말할 작정이라면) 지성이 이제까지 지각하지 않았고, 지금도 전혀 알려지지 않은 진리가 지성에 있다는 말로 끝내서는 안 된다. 왜냐하면 이러한 (지성에 있다고 하는) 말이 설령 적정하다 해도 이 말은 이해할 수 있다고 전제하고 있기 때문이다. 그래서 지성이 이해할 수 없다거나 마음에 아직 지각되지 않았다고 하는 것은 어떤 사물이 마음 내지는 지성에 있는데도 없다고 말하는 것과 같다. 그러므로 만약에 "존재하는 것은 존재한다."와 "같은 사물이 있으면서 없는 일은 있을 수 없다."고 하는 두 명제가 생득적으로 각인되어 있다고 한다면, 아이들은 이들 명제를 모를 리가 없다. 유아를 비롯하여 영혼을 가진 모든 사람들은 지성에 이들 명제를 가지고 있어야 하고, 그것이 참이라는 것을 알고 명제에 동의해야 한다.

6) 이지(理知)를 쓰게 되어야 사람들은 '앎'이라는 논의에 대답한다.

위에서 말한 논의를 피하기 위하여 일반적으로는 이렇게 대답할 수 있다. 즉, 사람은 누구나 이지[2]를 쓰게 되면, 이들 명제를 알고 그것에 동의하게 되며, 이로써 명제의 선천성은 충분히 증명된다.[3] (이에 대해) 나는 대답한다.

7) 무릇 선입견에 사로잡혀 자기 자신이 한 말까지도 검토할 수고를 하지 않는 사람에게는 거의 아무런 의미도 없는 의심스러운 표현도 명석한 이유로서 적용되는 법이다. 왜냐하면 조금이라도 허용될 수 있을만한 뜻을 가지고 이 담론을 현재의 논제에 적용하면, 다음 둘 가운데 하나를 나타내야 하기 때문이다. 즉, 사람들이 이지를 쓰게 되자마자 이들의 이른바 타고난 기록이 이지에 의해 알려지고 관찰되어야 하거나, 아니면 사

---

2 reason. 엄밀하게는 연역적 추리 기능을 의미하지만, 다소 느슨하게 논리적 사고 일반을 의미하는 경우도 있다. 어느 쪽이든 지성의 기능이고 경험에 관련되는 기능이다. 그래서 '이성'이라고 하지 않고 '이지'라는 말을 사용하였다.

3 잠재적인 생득원리가 경험이 진행되는 동안에 이지에 의해 현재화되어 인지된다고 하는 '소질생득론'이라고 부르는 사람도 있는 주장이다.

람들의 이지의 사용이나 행사가 그들을 도와서 이들 원리를 발견하게 하고 이것을 그들에게 절대 확실하게 알리거나 어느 한쪽이어야 한다.

8) 이지가 발견해냈다 해도 생득(生得)은 증명되지 않을 것이다.

(먼저) 이지의 사용으로 사람들이 이들 원리를 발견할 수 있고, 이로써 이들 원리의 선천적인 획득이 충분히 증명되었다고 한다면, 이 논의가 나아가는 방향은 이렇게 될 것이다. 즉, 이지에 의해 절대 확실하게 우리가 발견할 수 있고 굳게 동의할 수 있는 진리는 그것이 무엇이든 모두 마음에 태생적으로 각인되어 있다. 왜냐하면 이러한 진리의 표시로 여겨지는 저 보편적 동의는 이러한 일, 즉 우리는 이지의 사용으로 이들 진리를 절대 확실하게 알고, 이에 동의하게 될 뿐이기 때문이다. 이렇게 되면 수학자의 공준과 거기에서 연역되는 정리 사이에 차이는 없을 것이다. 모든 것은 똑같이 타고난 것이라고 용인되어야 한다.[4] 왜냐하면 전부가 이지의 사용에 의한 발견으로 이지를 갖춘 피조물이 사유를 그 방향으로 올바르게 돌리면 절대 확실하게 알게 되는 진리이기 때문이다.

9) 이지가 발견한다고 하는 것은 거짓이다.

하지만 이지란(이 설을 주장하는 사람들이 하는 말을 믿어도 된다 치고) 이미 아는 원리 또는 명제로부터 미지의 진리를 연역하는 기능이라고 할 때5 타고난 것으로 여기는 원리의 발견에 이지의 사용이 과연 필요하겠는가? 앞에서도 말한 바와 같이 이지가 가르치는 일체의 절대 확실한 진리는 타고난 것이라고 주장하지 않는 한 발견하기 위하여 필요한

---

4 라이프니츠는 바로 이와 같이 주장한다.

5 로크 자신의 정의이다.

이지가 타고난 것이라고는 도저히 생각할 수 없다. 지성에 본디부터 각인되어 있으며, 더욱이 지성이 지각하지 않는 동안에는 지성에 있을 수 없는 것, 그러한 것이 지성이 보게 하기 위하여 이지를 행사할 필요가 있다면, 눈에 보이는 사물을 눈으로 하여금 발견하게 하는 것에도 이지의 사용이 필요하다고 해야 할 것이다. 그러므로 그런 식으로 각인된 진리를 이지로 하여금 발견하게 한다는 것은 이지의 사용이 어떤 사람이 미리 알고 있는 것을 알린다는 것이다. 그리고 만약에 사람들이 이들 선천적으로 각인된 진리를 이지의 사용 이전에 본원적으로 가지고 있고, 더욱이 이지를 쓰게 될 때까지는 줄곧 모른다고 한다면, 사람들은 결국 그러한 진리를 앎과 동시에 모른다고 해야 한다.

10) 이때 경우에 따라서는 수학의 논증이나 그 밖의 타고난 것이 아닌 진리는 제출되어도 곧장 동의되지는 않는데, 여기에 그 공준이나 그 밖의 타고난 진리와의 차이가 있다고 할 수 있다. 제출되면 바로 이루어지는 동의(同意)[6]에 대해서는 뒤(제4편 제2장 제1절)에서 좀 더 자세히 이야기할 기회가 있을 것이다. 여기에서는 다만, 그 공준과 수학의 논증이란 다음과 같은 점에서 다르다고 용인하기로 하자. 즉 수학의 논증을 명백히 하여 우리의 동의를 얻기 위해서는 이지가 필요하고, 여러 가지 입증의 사용이 필요하지만, 공준은 이해되자마자 아무런 추리도 없이 신봉되고 동의된다는 점이다. 그러나 내 생각에 이와 같이 말한다는 것은 저 (이른바 타고난) 일반적 진리의 발견에 이지의 사용이 필요하다고 했던(제6절에서 말한) 핑계의 약점을 드러내는 것이다. 그래서 이와 같은

6 '제출되면 곧 이루어지는 동의'는 직관적 참다운 앎에 대한 동의이다. 직관적 참다운 앎에 대해서는 제4편 제2장 제1절 참조.

답변을 하는 사람도 "같은 사물이 있으면서 없는 일은 있을 수 없다."는 공준의 지식이 이치의 연역이라고는 자진해서 단언하지 않으리라 생각한다. 왜냐하면 그와 같이 단언한다는 것은 이들 원리의 지식을 우리 사유의 노작(勞作)에 입각하게 되는 것이므로 이 사람들이 매우 좋아하는 (타고난 기록이라고 하는) 자연의 혜택도 잃게 될 것이다. 왜냐하면 추리는 모두 탐색이고 숙고하는 일로서 노고와 전념을 요구하기 때문이다. 그렇다면 우리의 이지의 바탕이자 안내자로서 자연히 각인된 것을 발견하기 위하여 다시 이지를 필요로 한다는 것을 어떻게 다소라도 허용할 수 있겠는가?

11) 지성의 작용에 대해 조금이라도 깊이 내성(內省)하는[7] 수고를 하려는 사람은 알게 되겠지만, 어떤 진리에 대해 마음이 이와 같이 대번에 동의한다는 것은 타고난 기록이나 이지의 작용에 입각하는 것이 아니라, 뒤(제4편 제7장 제2절)에서 보는 바와 같이 전혀 다른 마음의 어떤 기능에서 비롯된다는 것이다. 따라서 우리로 하여금 위에서 말한 공준(公準)에 동의하게 하는 데 이지(理知)는 아무 일도 하지 않으므로 만약에 사람들이 이지를 쓰게 될 때 이들 공준을 알고 이에 동의한다는 의미는 이지가 우리를 도와서 이들 공준을 알려준다는 것이라면 그것은 전적으로 거짓이며, 가령 참이라 해도 이들 공준이 타고난 것이 아님을 증명하는 것이 된다.

---

7 reflect. 내성(reflection)과 함께 로크 지식론의 기본적 전문 용어의 하나로, 제2편 제1장 제4절에서 정의된다. 일상어적 용법일 경우에는 '성찰하다' '성찰'이라고 번역하였다.

경험론자인 로크에 의하면, 우리는 감각경험으로부터 나온 것만 알 수 있을 뿐이다. "정신의 판 위에 쓰여 있는 '문장'은 감각들에 의해 기입된 것이다."[8] 그러므로 경험하지 않은 것은 알 수 없는 것이고, 정신 속에 들어 있지 않은 것이다. 이제 막 태어난 신생아가 아무것도 모르는 것은 아직 경험한 것이 없고, 따라서 그의 마음이 백지 같은 상태(tabla rasa)이기 때문이다. 그러나 지식의 근원을 이성에서 찾는 이성론자들은 경험과 무관한 생득적 또는 본유적 지식(관념)이 있다고 주장하는데, 예를 들면, "있는 것은 있다." 같은 동일률이나 "같은 사물이 있으면서 없는 일은 있을 수 없다." 같은 모순율에 대한 지식이 그러한 것이다.

위의 글은 로크의 『인간 지성론』의 일부로서, 본유관념은 없다는 것을 논증하는 글이다. 본유관념론자들은 애당초 인간의 마음은 가구 하나 없는 텅 빈 방이 아니라, 본유관념이라는 붙박이장이 딸린 방이라고 주장한다. 그들의 이러한 주장은 동일률 또는 모순율이 정당한지 묻는 질문에 남녀노소를 불문하고 또 경험의 많고 적음을 떠나서 누구나 그렇다고 대답할 것인데, 그것은 인간은 태어날 때부터 이미 그런 공준의 관념을 마음속에 가지고 있어서 경험해보지 않고도 그 공준의 정당성에 보편적으로 동의할 수 있

8 케네스 겔레거, 『지식철학』, 김보현 옮김, 서울: 철학과 현실사, 2002, p. 96.

기 때문이라는 생각에 근거한 것이다. 그러나 로크는 본유관념은 이성에 의해 자동적으로 관찰되지도 않고, 이성의 사용으로 발견되지도 않으므로 존재하지 않는다고 논증한다.

로크가 이 논증에서 구사하는 첫 번째 논법은 양도논법인데, 그 논리적 구조는 다음과 같다.

전제 (1) "사람들이 이지를 쓰게 되자마자 이들의 이른바 타고난 기록[본유관념]이 이지에 의해 알려지고 관찰되어야 하거나, 아니면 사람들의 이지의 사용이나 행사가 그들을 도와서 이들 원리를 발견하게 하고 이것을 그들에게 절대 확실하게 알리거나 어느 한쪽이어야 한다."

전제 (2) 만약 사람들이 이지를 쓰게 되자마자 본유관념(여기서는 동일률 또는 모순율의 관념)이 이지에 의해 알려지고 관찰된다면, "아이들이나 백치는 싫어도 그 각인을 지각해야 하고, 이들 진리를 반드시 알고 그것에 동의할 수밖에 없다." 그리고 만약 사람들의 이지의 사용이나 행사가 그들을 도와서 이들 원리(본유관념)를 발견하고 이것을 그들에게 절대 확실하게 알린다면, "수학자의 공준과 거기에서 연역되는 정리 사이에 차이는 없을 것이다".

결론 아이들이나 백치는 싫어도 그 각인을 지각해야 하고, 이들 진리를 반드시 알고, 그것에 동의할 수밖에 없거나, 또는 수학의 공리와 거기에서 연역되는 정리 사이에 차이가 없다.

동일률이나 모순율의 관념 같은 본유관념이 선천적으로 모든 인간의 마음속에 들어 있다면, 다음의 두 가지 경우가 가능할 것이다. 첫째로, 우리의 이성은 우리가 애쓰지 않아도 —우리가 별 노력을 하지 않아도 우리의 눈이 대상을 보는 것처럼— 스스로 작동하여 그 관념을 관찰할 것이다. 그렇다면 "유아를 비롯하여 영혼을 가진 모든 사람들은 지성에 이들 명제(동일률 또는 모순율)를 가지고 있어야 하고, 그것이 참이라는 것을 알고 명제에 동의해야 한다". 그러나 어린아이나 백치가 "그 각인(동일률 또는 모순율의 각인)을 지각해야 하고, 이들 진리를 반드시 알고 그것에 동의할 수밖에 없다."고 생각할 수는 없다. 이에 대해 본유관념론자들은 이렇게 대답할 수 있다. "이성은 눈과 달라서 스스로 작동하는 것이 아니라 우리가 애써서 사용해야 하는 것인데, 어린아이들은 너무 어리기 때문에 또 백치들은 뇌의 장애로 인해 이성을 사용할 능력이 없어서 그들 마음속에서 본유관념을 발견하지 못하는 것이지 그것이 거기에 없는 것은 아니다."

둘째로, 우리는 애써서 이성을 사용함으로써 동일률이나 모순율의 관념 같은 본유관념을 발견하게 된다. 그러나 이것 역시 어불성설이다. 이성의 기능은 "이미 아는 원리 또는 명제로부터 미지의 진리를 연역하는 것"이다. 그러므로 공준의 관념(본유관념)이 이성의 사용으로 발견되는 것이라면 그것은 무엇인가로부터 연역되는 것이어야 하는데, 공준(공리)은 그 어떤 명제로부터도 연역되지 않는 명제이다. 그것은 정리와 달리 연역 또는 논증의 과정을 거치지 않고, 제시되는 즉시 동의된다. "수학의 논증이나 그 밖의 타고난 것이 아닌 진리는 제출되어도 곧장 동의되지는 않는데, 여기에 그 공준이나 그 밖의 타고난 진리와 차이가 있다고 할 수 있다." 만약 공준의 진리가 이성을 사용하여 연역(논증)함으로써 발견되는 것이라면, "우리의 동의를 얻기 위해서는 이지가 필요하고, 여러 가지 입증의 사용이 필요한 정리들과 이해되자마자 아무런 추리도 없이 신봉되고 동의되는 공준 사이에 차이가 없게 되는데, 이것은 있을 수 없는 일이다".

위의 양도논증의 결론이 거짓임을 밝힌 로크는 암암리에 이러한 귀류논증을 전개한다. 즉, 본유관념은 (우리의 마음속에) 존재하거나 존재하지 않는데, 만약 존재한다면 위의 양도논증의 결론을 피할 수 없다. 즉, 어린아이나 백치가 동일률이나 모순율을 그것이 제시되는 즉시 이해하고 그것에 동의하게 되거나, 수학의 공리와 거기에서 연역되는 정리 사이에 차이가 없게 된다. 그러나 이러한 결론은 터무니없는 것이다. 그러므로 본유관념은 존재하지 않는다.